Face type

{顔}タイプ診断®で見つかる本当に似合う服

[一般社団法人日本顔タイプ診断協会　代表理事]
岡田実子

かんき出版

introduction

{はじめに}

似合う服は あなたの魅力を輝かせる

この本は、あなたが自分の魅力に気づき、輝きを増し、幸せの連鎖が巻き起こる服がわかるための本です。

私はイメージコンサルタントとして、これまでのべ5000人以上の女性に似合う服やアクセサリー、髪型、メイクをアドバイスしてきました。たくさんの方にアドバイスをして心から実感しているのは、

ひとりひとりに魅力がある。

その魅力が輝くと素敵に見える。

ということ。

かっちりしたスタンダードなシャツがおしゃれに見える人もいれば、ふんわりブラウスがおしゃれに見える人もいる。それはそれぞれの個性なのです。その個性が生かせたとき、驚くほど美しく輝きを増していかれるのを現場でたくさん見てきました。

想像してみてください。街ですれ違った素敵な女性は皆、同じ服装でしたか？

クールでかっこいい服装の人もいれば、フェミニンで女性らしい服装の人もいるはずです。おしゃれに見える人は同じ服装をしているわけではありません。

では、どういう人が素敵でおしゃれに見えているのか？

それは、**その人の魅力にあった服を着ているとき**。

外見のイメージに合った服を着ていると素敵に見えます。つまり、**自分の外見を客観的に知ることがおしゃれへの近道**なのです。

ファッションで人生は変わる

「似合う」ということのほかにも大切なことがあります。それは、外見はその人を表すパッケージデザインであるということです。

たとえば、あなたがスタイリストとして、テレビドラマに出演する女優さんが着る衣装を選んでいるとします。

いざ、女優さんに合う服を探そうとするとき、きっと最初に考えるのは「どんな役柄？」「何歳の設定？」「職業は？」「どんな性格？」など、人物像を把握してから、それにぴったりな服を探すはず。決して顔立ちや骨格、パーソナルカラーだけで選ぶことはしないと思います。

そうです、**外見は「私はこういう人ですよ」という自分を伝えるメッセージ**なのです。

自分の「似合う」を軸に、どう見られたいのか、どんな職業なのかなどをプラスしていけば、あなたらしく輝く人生への道がつながっていきます。

たとえば私のクライアントに似合う服をアドバイスしたところ、「選んでいただいた服を着て会社に行ったら、たくさんの人に褒められました！」「選んでもらった服を着るようになってから、人生がハッピーに変わり始めました！」というお声をたくさんいただいています。

「昇進したい！　起業家として成功したい！」という人には、「似合う＋その人の仕事に最適なイメージの服を選ぶ」とあっという間に成功されます。

婚活のお客様には、「似合う＋婚活でモテる服を選ぶ」と驚くくらいにモテ度が変わり、結婚された人も多数おられます。「おかげさまで結婚できました！」と結婚式に呼んでいただくこともあります。

だからこそ、みなさんにはどんな自分になりたいかを意識して服を選んでいただきたい、ファッションを楽しんでいただきたいと思っています。そのためにまずは自分の魅力、そして似合う服を知ることが第一歩です。

本書では、その人の顔の雰囲気に調和するための「顔タイプ診断」、スタイルをよく見せるための「骨格診断」、肌色をきれいに見せるための「パーソナルカラー診断」、この3つの総合判断で自分に似合うおしゃれを導き出します。質問に答えたり、表に当てはめていくだけで、的確に自分の外見を分析することができます。

そのすべては特別なセンスやテクニックではなく、ごくシンプルな理論で説明できてしまうものなのです。

ぜひ本書が、あなたの人生にハッピースパイラルを巻き起こすきっかけとなりますように！

一般社団法人日本顔タイプ診断協会　代表理事　岡田実子

Contents

Lesson 3 顔タイプ別「私の魅力」を引き出す服

Lesson 4 なりたいイメージに近づける方法

Contents

Contents

Lesson

1

似合う服選びの新法則

私に似合う服はどんな服？

「服を買いに行っても服を選べず帰ってくる」「買ったのに似合わない気がして着ていない服がある」…みなさん、同じような悩みをもっています。

おしゃれに自信がない人からすると、おしゃれな人は全員が生まれつきセンスを持ち合わせているように見えますよね。でも、そんなことはありません。最初からセンスがある人は稀ですし、センスというのは経験と環境でいくらでも磨くことができるものです。

たとえば、スタイリストさんは全員が骨格やパーソナルカラーを学んでいるわけではありません。たくさんの服を見て、自分で着てみて、モデルさんにも着せて、膨大な数のトライ&エラーを繰り返し、意識的にファッションの経験値を積み上げていき、後天的センスが自然と身についていきます。そして環境。東京の青山や銀座にいる時間が長い人と、田舎に住んでいる人では、自然と目に入ってくる情報量が違います。ですから、できるだけお店に行く機会や素敵な街に行く機会、ファッション雑誌を見る機会を増やすことでも磨くことができます。大丈夫、**センスは後天的に身につけられる**のです。

では、似合う服ってどんな服なのでしょう？

似合う＝外見のイメージにマッチしていること

外見のイメージとファッションのイメージが合っていると素敵に見え、合っていないと見る人に違和感を与えてしまいます。

では、外見は何で構成されていると思いますか？

それは、**顔、身体、ボディカラー**（肌や目、髪の色）です。

Question!

ここで質問です。

想像してください。

質問 1
女優の天海祐希さんに似合う服はどんな服だと思いますか？

質問 2
女優の深田恭子さんに似合う服はどんな服だと思いますか？

あなたは今、頭の中に何を思い浮かべましたか？
天海祐希さんと深田恭子さんの体型ですか？　肌の色ですか？
違いますよね、きっと【**顔**】を思い浮かべたと思います。
そう、**似合う服は顔がメインで決まる**のです。

「似合う服」を決める3つの法則

#1 Face type 顔

「**顔タイプ診断**」で顔の雰囲気に合う服のテイストやディテール、柄、素材がわかる。

#2 Body type 体型

「**骨格診断**」で身体がスタイルよく見える、服の形やバランスがわかる。

#3 Personal color 色

「**パーソナルカラー診断**」で肌や目、髪などのボディカラーに合う色がわかる。

これらが**「似合う軸」**となります。
そこに、仕事や目的、シーン、なりたいイメージ、好みなどを入れていくとファッションが完成します。

Face type

法則

#1

顔

似合う服の決め手は「顔タイプ診断」

テレビを見ていると、いろんな女優さんやタレントさんが素敵な衣装で出演されています。みなさんそれぞれの雰囲気にぴったりの服で、チャームポイントを引き立てるようなヘアメイクが施されていますよね。

いつも彼女たちの外見がパーフェクトなのは、プロのスタイリストさんとヘアメイクさんに客観的な視点で、きちんと外見をプロデュースしてもらっているからです。

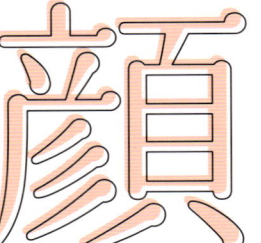

たとえば、女優の黒木メイサさんは大人顔の美人なので、服もメイクもシャープで辛口な感じが似合います。演じる役でもない限り、フリフリの可愛い服は着ないでしょう。**外見のイメージに合わないものを着ると、それは違和感として見る人の印象に刻まれてしまいます。**

反対に、外見のイメージに合っているものを着ていると、「自分のことを知っていて、自信のある人」に見えます。**自分に似合う服を着ている人は魅力が輝き、好印象になる**のです。

私が考案した**顔タイプ診断は、顔の印象をもとに8タイプに分類**し、似合う服のテイスト＝どんな雰囲気が似合うか、どんなブランドが似合うかを導き出します。

顔はその人にとっていちばんの個性なので、顔の雰囲気と服の雰囲気が合っていることが何よりも大切です。そこで服選びの基準がはっきりするので、その後の骨格診断やパーソナルカラー診断の結果と照らし合わせても迷わなくなります。

同時に、似合わないものや避けたほうが無難なものもわかってくるので、自分の長所を最大限に生かすコーディネイトを考えられるようになります。

体型

Body type

法則 #2

スタイルをよく見せるのは「骨格診断」

「小柄な人はミニ丈ボトムで重心を上げましょう」とか、「鎖骨を出して女っぽさと着やせ効果を演出」など、ファッション雑誌にはたくさんの着こなしのポイントが載っています。

でも、「どうも自分には当てはまらない気がする…」と感じている人は多いのではないでしょうか。

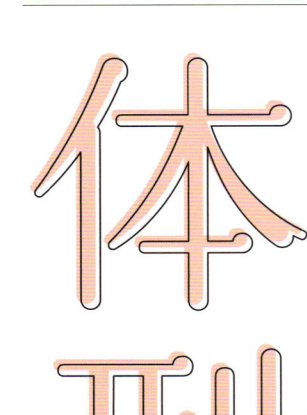

しかし、雑誌に間違ったことが書かれているわけではありません。一般向けになるべく〝多くの人に〟当てはまるようなことを伝える場合、必ずそこからこぼれる内容というのもあるわけです。

ですから私の講座では、骨格診断を用いた個別のアドバイスをしています。

たとえば、重心を上げるべきなのは小柄かどうかというよりも、身体のバランスが下重心かどうかが重要です。また、鎖骨を出してきれいに見える人もいれば、鎖骨を出すことで貧相な印象になってしまう人もいるわけです。

自分の体型をより美しく見せたいときに、骨格診断は非常に有効です。骨格診断とは、生まれ持った「ボディライン」と「質感」の特徴をもとに、**「ストレート」「ウェーブ」「ナチュラル」の３つのタイプに分類**するもの。

骨格タイプから、身体がスタイルよく見える形やバランスを知ることができます。

Personal Color

法則

#3 色

肌と目を美しく見せるのは「パーソナルカラー診断」

ショップの試着室で気に入った服を試着したとき、「なんだか私、きれいになった!?」とか、逆に「老けたような気がする…」など、ハンガーにかかっている服を見たときの印象と、自分が着てみたときの印象に差があることってよくあります。それは、服の色が肌や目の色と呼応するから。

顔映りがいい服の場合は、肌色がきれいに見えるので若々しさや健康的な印象を与えます。また、顔に立体感が出るので小顔に見える、目力がアップするなど、いいことずくめです。反対に、顔映りがイマイチの服は、肌色がくすんで老けた印象になる、太って見えるなど、マイナス要素が目立ってしまいます。

顔映りのいい色＝似合う色は、パーソナルカラー診断でわかります。パーソナルカラー診断は、肌、目、髪など、その人が持っている身体の色と調和する色を導き出すもので、**「スプリング」「サマー」「オータム」「ウインター」の４タイプに分類**されます。

診断結果は、一時的な日焼けなどで左右されることはないので、基本的に一生モノです。ただ、ちょっと**意識したほうがいいのは加齢による変化**。若いときは肌にハリがあって顔の中に影がないので、本来パーソナルカラー診断で似合わないとされる色も着こなせてしまう場合があります。

しかし歳を重ねると、シワやシミ、たるみができて顔に影が増えてきます。そうしたときに似合わない色を着ると、影がより一層強調されてしまうので、「似合わない」ということが見た目にはっきりしてくるのです。

「以前は着られたのに、今は似合わなくなった」という服があるとしたら、そういった理由かもしれません。ですから、**大人の女性ほど似合う色を意識して服選びをする**ほうがいいといえます。

Lesson 2

あなたはどのタイプ？

顔タイプ診断

自分の顔タイプを知ろう

これからご紹介する顔タイプ診断では、自分の顔がどんなテイストを持っているのかを分析し、８つのタイプに分類します。

顔タイプ診断でわかることは、自分に似合うファッションのテイスト（服のイメージ・ブランドの系統）、柄、素材、アクセサリー、ヘアスタイルです。

質問は全部で16個。**必要なのは鏡だけ！** まずは、鏡に映る自分の顔をじっくり見てみましょう。細部も大事ですし、パッと見てとれる全体の印象も重要ですから、寄ったり引いたりを繰り返して観察してください。

顔タイプ診断でわかること

似合う
ファッションの
テイスト

似合う柄

似合う素材

似合う
アクセサリー

似合う
ヘアスタイル

顔タイプ診断の効果

顔タイプが合っている場合

・魅力がより輝く
・好感度がアップする
・おしゃれに見える
・自分をわかって
いるように見える

顔タイプが合っていない場合

・魅力が発揮しきれない
・違和感を与える
・野暮ったく見える
・自分をわかって
いないように見える

顔タイプ診断①
子供 or 大人？

顔タイプを分類する際に、最初に見るのが世代感です。
まずは、1～8の質問をⒶⒷで解答し、印象が「子供顔」or「大人顔」かを分類します。

1. 顔の形は？

- [ ] Ⓐ 顔型は丸顔か横長のベース型である
（顔の縦の長さが短いほうである）

- [ ] Ⓑ 顔型は卵型か面長、縦長のベース型である
（顔の縦の長さが長いほうである）

2. あごの長さ（唇下）は？

- [ ] Ⓐ あごが短い
- [ ] Ⓑ あごが長い

3. 目の位置は？

- [ ] Ⓐ 目が離れぎみ
- [ ] Ⓑ 目が寄っている

4. 鼻の高さは？

- [ ] Ⓐ 鼻が低い
- [ ] Ⓑ 鼻が高い

5. 顔全体の立体感は？

- [ ] Ⓐ 顔が平面的
- [ ] Ⓑ 顔が立体的

6. 目の大きさは？

- [ ] Ⓐ 目が小さい
- [ ] Ⓑ 目が大きい

7. 鼻（小鼻）の大きさは？

- [ ] Ⓐ 小鼻の横幅が、目１つ分より小さい
- [ ] Ⓑ 小鼻の横幅が、目１つ分より大きい

8. 口の大きさは？

- [ ] Ⓐ 口が小さい
- [ ] Ⓑ 口が大きい

ⒶⒷの分類はここで終了！
どちらが多いのか覚えておいてね。

Ⓐ 3 個

Ⓑ 5 個

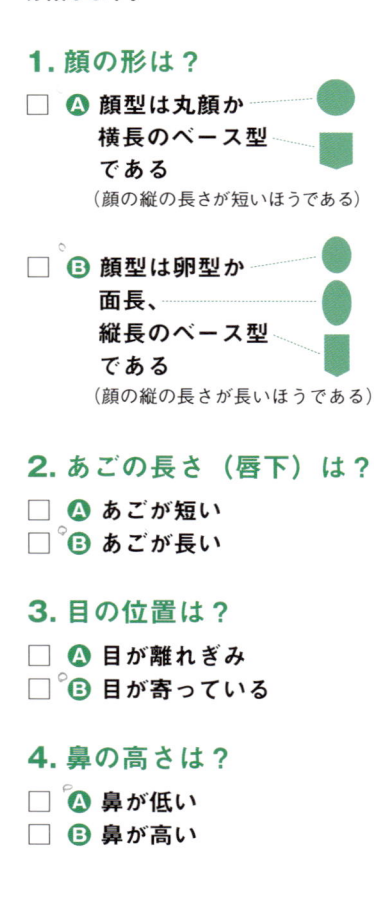

顔タイプ診断②
直線 or 曲線？

9～16の質問をⒸⒹで解答し、自分の顔の形状が「直線タイプ＝男顔」or「曲線タイプ＝女顔」かを分類します。どの項目が多いかで顔タイプが診断できます。ここからはいくつ当てはまったか、数が重要になるのでメモをしておくとgood！

9. 顔全体の形状は？

- □ Ⓒ 顔に骨を感じない
  （もしくは丸顔か卵型）
- □ Ⓓ 顔に骨を感じる
  （もしくは面長かベース型）

10. 頬の肉感は？

- □ Ⓒ 頬が丸く出ている
- □ Ⓓ 頬に丸みがあまりない

11. 目の形状は？

- □ Ⓒ 目が丸く縦幅がある
- □ Ⓓ 目が切れ長である

12. まぶたは？

- □ Ⓒ 二重幅が広い
- □ Ⓓ 一重もしくは奥二重

13. 目の形は？

- □ Ⓒ 目がたれ目である
- □ Ⓓ 目がつり目である

14. 眉の形は？

- □ Ⓒ 眉山がない
  アーチ型である
- □ Ⓓ 眉山が角ばっている、
  もしくは直線的

15. 鼻の形状は？

- □ Ⓒ 小鼻に丸みがある
- □ Ⓓ 鼻筋が通っている

16. 唇の厚みは？

- □ Ⓒ 唇が厚いほうである
- □ Ⓓ 唇が薄いほうである

ⒸⒹの分類はここで終了！
どちらが多いのか覚えておいてね。

Ⓒ 7 個

Ⓓ 1 個

Check! 結果は…

Ⓐが多く、Ⓒが7〜8個

［キュート］もしくは［アクティブキュート］

⇒ 目が小さめ〜普通 … キュートタイプ
⇒ 目が大きい 、目力が強い … アクティブキュートタイプ

Ⓐが多く、Ⓓが2〜8個

［フレッシュ］もしくは［クールカジュアル］

⇒ Ⓓが2〜6個 … フレッシュタイプ
⇒ Ⓓが7〜8個 … クールカジュアルタイプ

Ⓑが多く、Ⓒが7〜8個

［フェミニンタイプ］

Ⓑが多く、Ⓓが2〜6個

［ソフトエレガント］もしくは［エレガント］

⇒ 目が小さめ〜普通 … ソフトエレガントタイプ
⇒ 目が大きい … エレガントタイプ

Ⓑが多く、Ⓓが7〜8個

［クールタイプ］

自分の顔タイプはわかりましたか？

この診断では、あなた自身の「顔立ち」をチェックしています。

「素顔では一重でもメイクで二重にしている」「唇が薄いので、リップを少しオーバーぎみにしている」「すっぴんだと眉尻がなくて書き足している」など、普段しているメイクの状態でもOK。

顔タイプマトリクス
～8タイプ

２つの分析をマトリクスにすると表のようになります。診断内容でもわかるように、直線や曲線などで判断するため、同じ顔でも“髪型”や“メイク”を変えることによって、自分のなりたいタイプに近づけることも可能です。自分の「顔タイプ」がわかったら、次は似合う服のテイストを知りましょう！　「似合う」「似合わない」の理由が見えてきますよ。

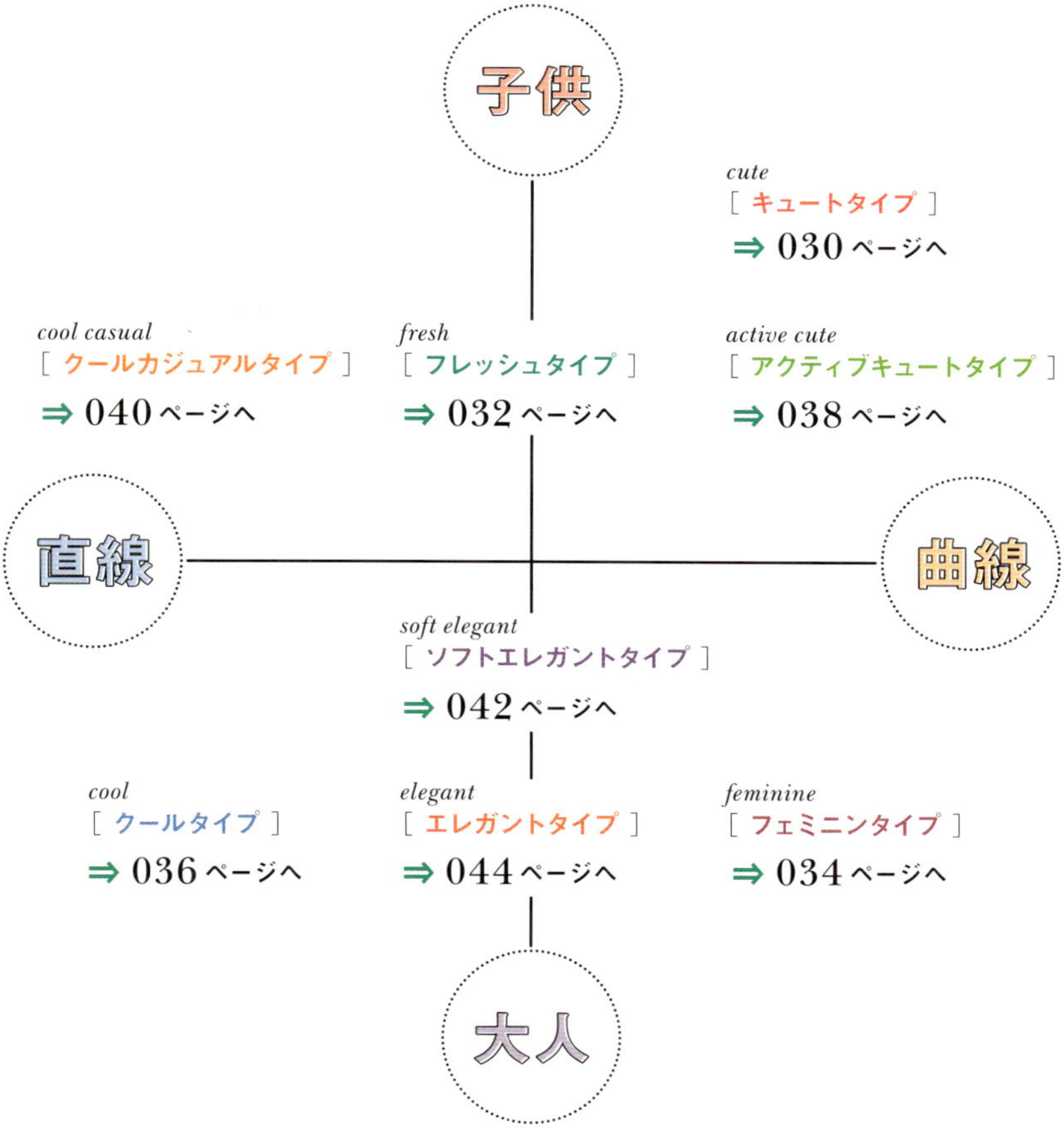

face type { 01 } cute

キュート

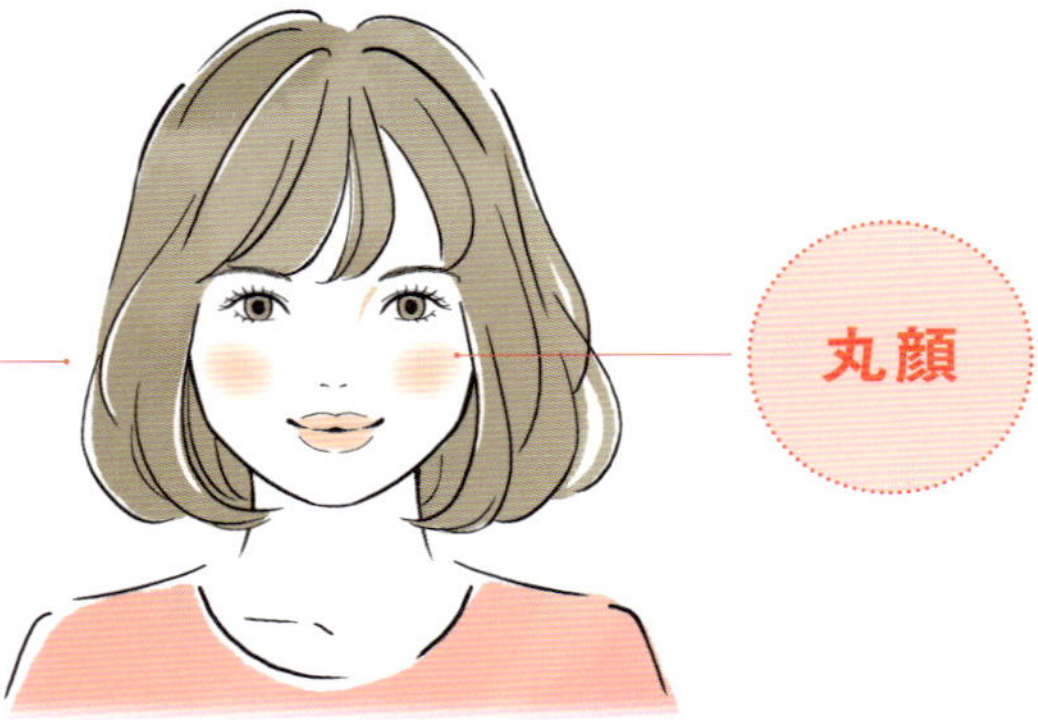

[**特徴**]

顔タイプ：子供×曲線

顔型：丸顔

立体感：平面的

パーツ＆輪郭：パーツが丸く、骨っぽさがない

パーツの大きさ：小さめ〜普通

［印象］

可愛い、若々しい、親しみやすい、柔らかい、守ってあげたい、女の子らしい

［このタイプの有名人］

橋本環奈さん、藤田ニコルさん、高島彩さん、小倉優子さん、きゃりーぱみゅぱみゅさん

子供×曲線の特徴がわかりやすく出ていて、実年齢より若く見られやすいタイプです。輪郭やパーツが曲線的かつ、凹凸が少なく平面的なので、柔らかさや明るさを感じる印象を与えます。年齢を重ねても可愛らしさを失いません。

悩みとしては、幼く見られたり、頼りなく見られたり、仕事で評価されにくいことなどがあげられます。

大人っぽく見せたいときはフェミニン、甘さを減らしたいときはフレッシュにもっていきます。すべてをクールにすると違和感があるので気をつけましょう。

face type { 02 } fresh

フレッシュ

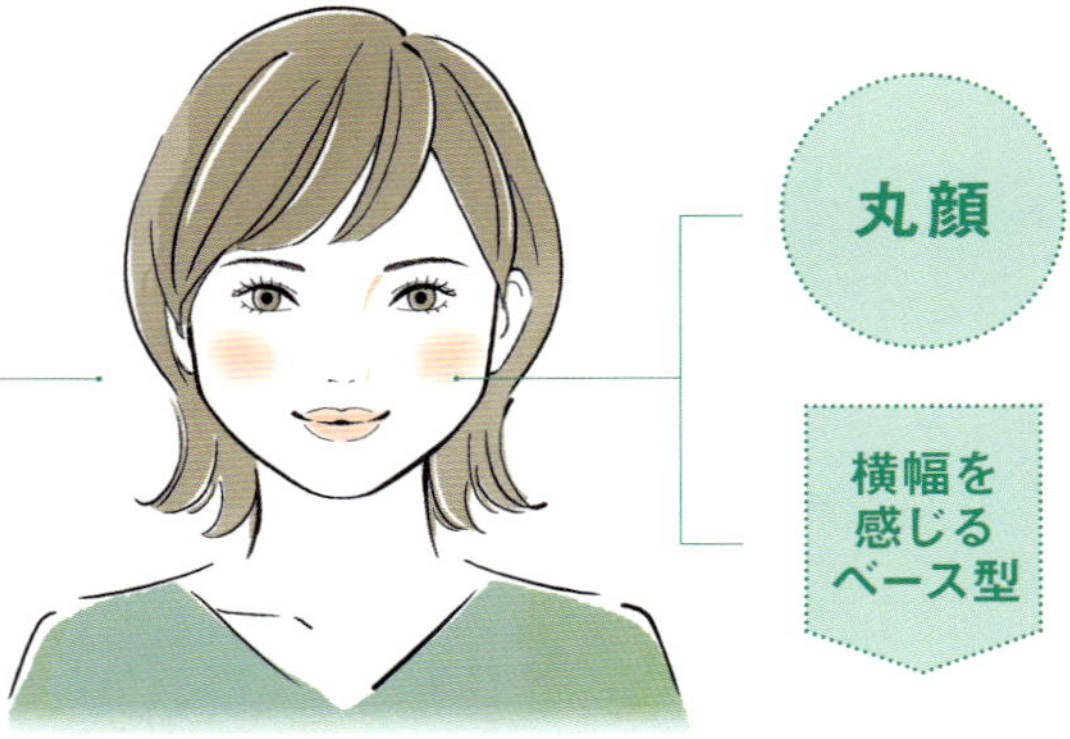

［ 特徴 ］

顔タイプ：子供×直線と曲線のミックス

顔型：丸顔、横幅を感じるベース型

立体感：平面的

パーツ＆輪郭：どこかに直線か骨っぽさがある

パーツの大きさ：小さめ〜普通

［印象］

フレッシュ、爽やか、親しみやすい、若々しい、清潔感、可愛い

［このタイプの有名人］

宮﨑あおいさん、永作博美さん、広末涼子さん、石田ゆり子さん、榮倉奈々さん

実年齢よりも若く見られやすいタイプです。清潔感や親しみやすさがあるので、話しかけられやすいイメージです。年齢を重ねても老けた印象になりません。

悩みとしては、おとなしく見られたり、頼りなく見られたり、仕事で評価されにくいことなどがあげられます。

直線と曲線の両方をあわせ持つタイプなので、似合うファッションには幅があります。

大人っぽく見せたいときはソフトエレガントにもっていきます。直線が多い人は、よりさっぱりとしたシンプルなもの、曲線が多い人は、キュートに近いスタイルも似合います。

face type { 03 } feminine

フェミニン

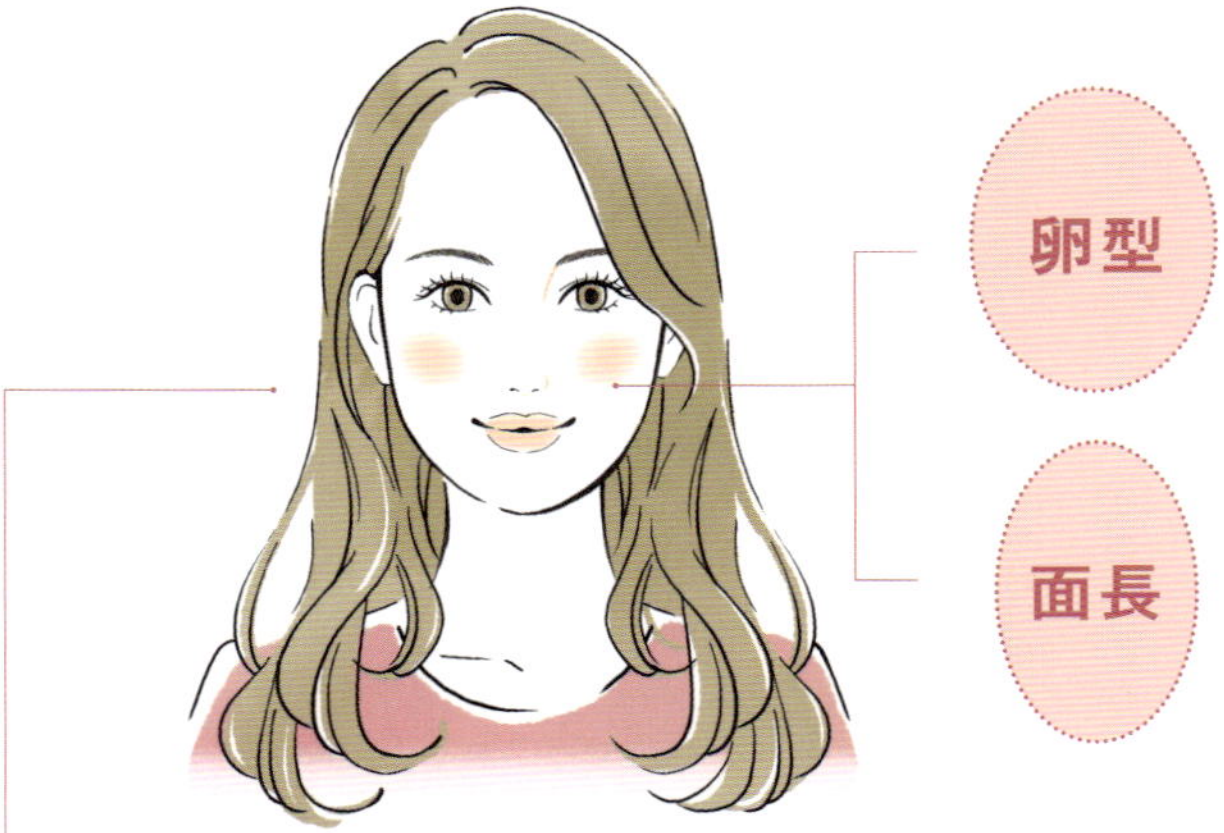

［ 特徴 ］

顔タイプ： 大人×曲線

顔型： 卵型、面長

立体感： 標準～立体的

パーツ＆輪郭： すべてのパーツに丸みがあり、骨っぽさを感じない

パーツの大きさ： 大きめ～普通

［印象］

女性らしい、華やか、エレガント、大人っぽい、セクシー、美人

［このタイプの有名人］

石原さとみさん、佐々木希さん、白石麻衣さん、深田恭子さん、泉里香さん

大人×曲線の特徴がわかりやすく出ているタイプです。女性らしく大人っぽさもあり、典型的な美人が多いです。女優さんにいちばん多いタイプでもあります。

あまり外見の悩みは多くないと思いますが、女性らしく見られすぎることが嫌な人もいるでしょう。その場合は曲線を減らすことで甘さをおさえ、クールさをプラスします。スタイリングをエレガント、もしくはソフトエレガントにもっていくとよいでしょう。ただし、すべてをシンプル、クールにすると魅力を発揮できないので気をつけましょう。

face type { 04 } cool

クール

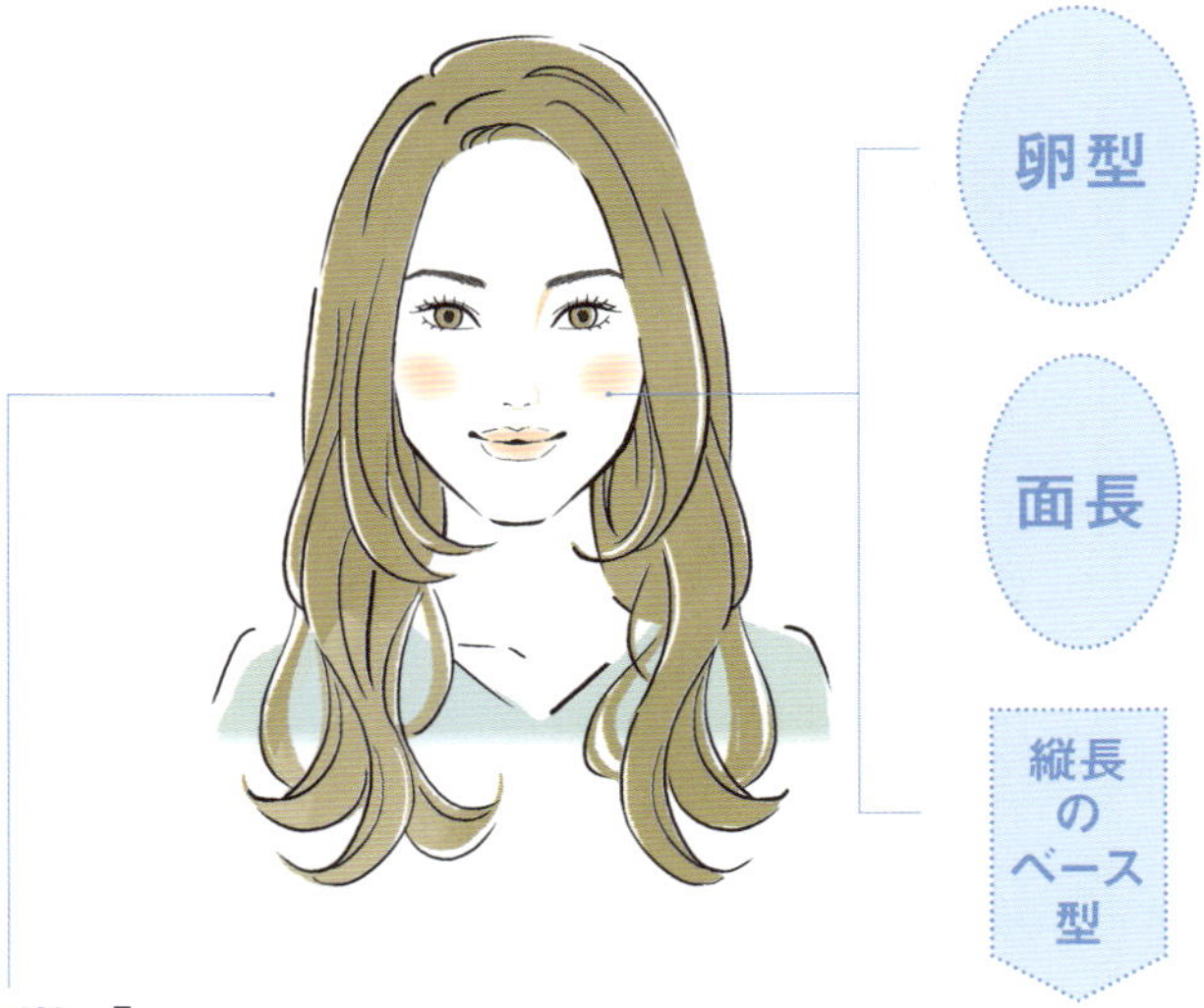

［ 特徴 ］

顔タイプ：大人×直線

顔型：卵型、面長、縦長のベース型

立体感：標準〜立体的

パーツ＆輪郭：パーツが直線的で
骨っぽさを感じる

パーツの大きさ：大きめ〜普通

［ 印象 ］

クール、凛々しい、エレガント、大人っぽい、格好良い、都会的

［ このタイプの有名人 ］

天海祐希さん、松下奈緒さん、黒木メイサさん、米倉涼子さん、水川あさみさん

大人×直線の特徴がわかりやすく出ているタイプです。いわゆる可愛い系ではなく、美人系になります。

しっかりしているように見られる反面、きつそうに見られやすいタイプでもあります。若いときは年齢よりも落ちついて見られることが多いです。

それが悩みになる場合は、エレガントやソフトエレガントに近づけることで、柔らかい雰囲気がプラスされます。服だけでなく、髪型やメイクにも曲線を少しプラスするとよいでしょう。

face type { 05 } active cute

アクティブキュート

［ 特徴 ］

顔タイプ：子供×曲線

顔型：丸顔

立体感：平面的

パーツ＆輪郭：パーツが丸く、骨っぽさがない

パーツの大きさ：大きめ
（特に目が大きく、目力が強い）

［印象］

元気、親しみやすい、活動的、可愛い、ポップ、パワフル

［このタイプの有名人］

新垣結衣さん、杉咲花さん、安達祐実さん、小泉今日子さん、渡辺直美さん

実年齢よりも若く見られやすいタイプです。

子供バランスで輪郭やパーツに丸みがありながら、パーツが大きいことで、大人っぽさや活発さ、パワフルさが加わった印象です。特に目が大きく、目力があるので、好奇心旺盛に見えたりもします。

子供×曲線のタイプですが、ふんわりと可愛い雰囲気にすると顔立ちの強さに合わないので、キュートより派手なもの、ハリのある素材、シンプルなものが似合います。

大人っぽくしたい場合は、フェミニンやエレガントにもっていくとよいでしょう。

face type { 06 } cool casual

クールカジュアル

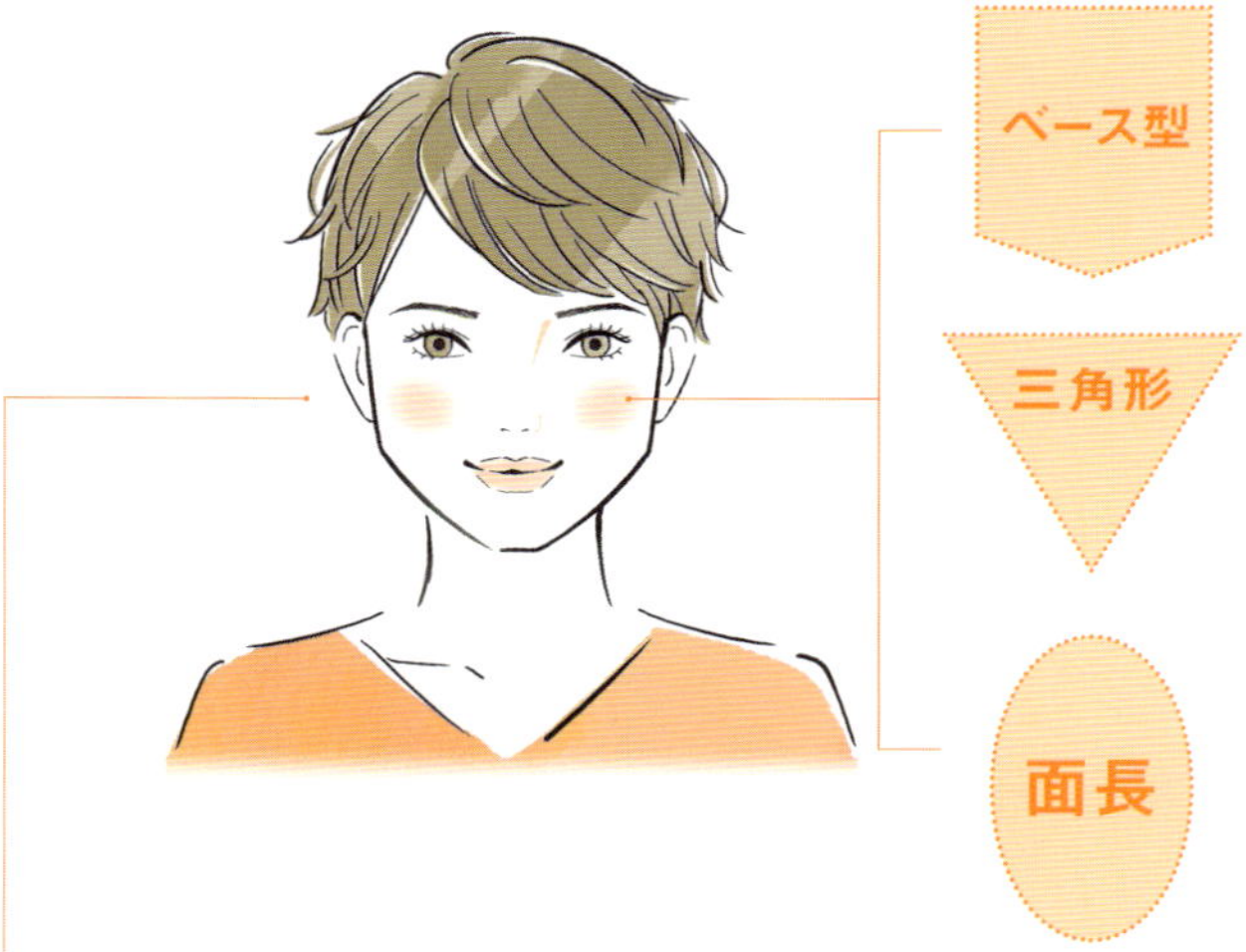

［ 特徴 ］

顔タイプ：子供×直線

顔型：ベース型、三角形、面長

立体感：平面的

パーツ＆輪郭：パーツが直線的で骨っぽさがある

パーツの大きさ：小さめ～普通

［印象］

クール、ボーイッシュ、格好良い、凛々しい、アーティスティック

［このタイプの有名人］

剛力彩芽さん、冨永愛さん、りょうさん、木下優樹菜さん、渡辺佳子さん

子供×直線の特徴がわかりやすく出ていて、実年齢よりも若く見られやすいタイプです。パーツや輪郭に直線を多く含むので、クールな印象になります。顔に肉感がなく、表情があまり動かない印象や、ボーイッシュな印象になることがあります。

柔らかい印象にしたい場合はフレッシュにもっていき、大人っぽくしたい場合はクール、もしくはエレガントにもっていくとよいでしょう。

face type { 07 } soft elegant

ソフトエレガント

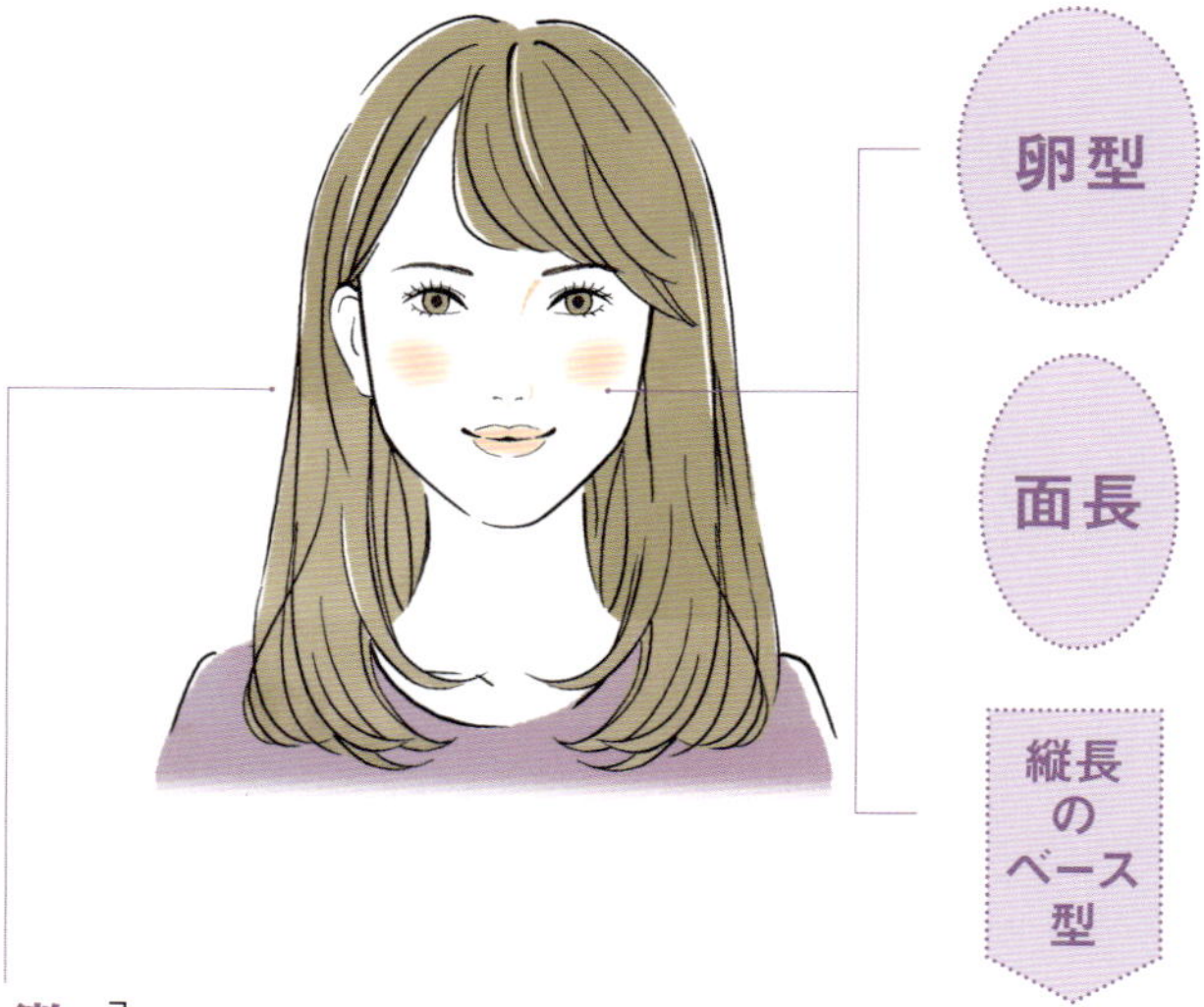

［ 特徴 ］

顔タイプ： 大人×直線と曲線のミックス

顔型： 卵型、面長、縦長のベース型

立体感： 標準～立体的

パーツ＆輪郭： どこかに直線か、骨っぽさがある

パーツの大きさ： 小さめ～普通

［ 印象 ］

ソフト、優しい、上品、繊細、真面目、女性らしい

［ このタイプの有名人 ］

綾瀬はるかさん、吉田羊さん、松嶋菜々子さん、吉永小百合さん、仲里依紗さん

顔に長さがある大人バランスで、直線と曲線の両方をあわせ持つタイプです。このタイプの人は、ソフトで上品かつ落ちついた印象に見られます。また、パーツが小さめ～普通なので優しい印象になります。

悩みとしては、必要以上におとなしく、真面目に見られることがあげられます。その場合は、エレガントにもっていきます。

カジュアルにしたい場合は、フレッシュにもっていきましょう。

face type { 08 } elegant

エレガント

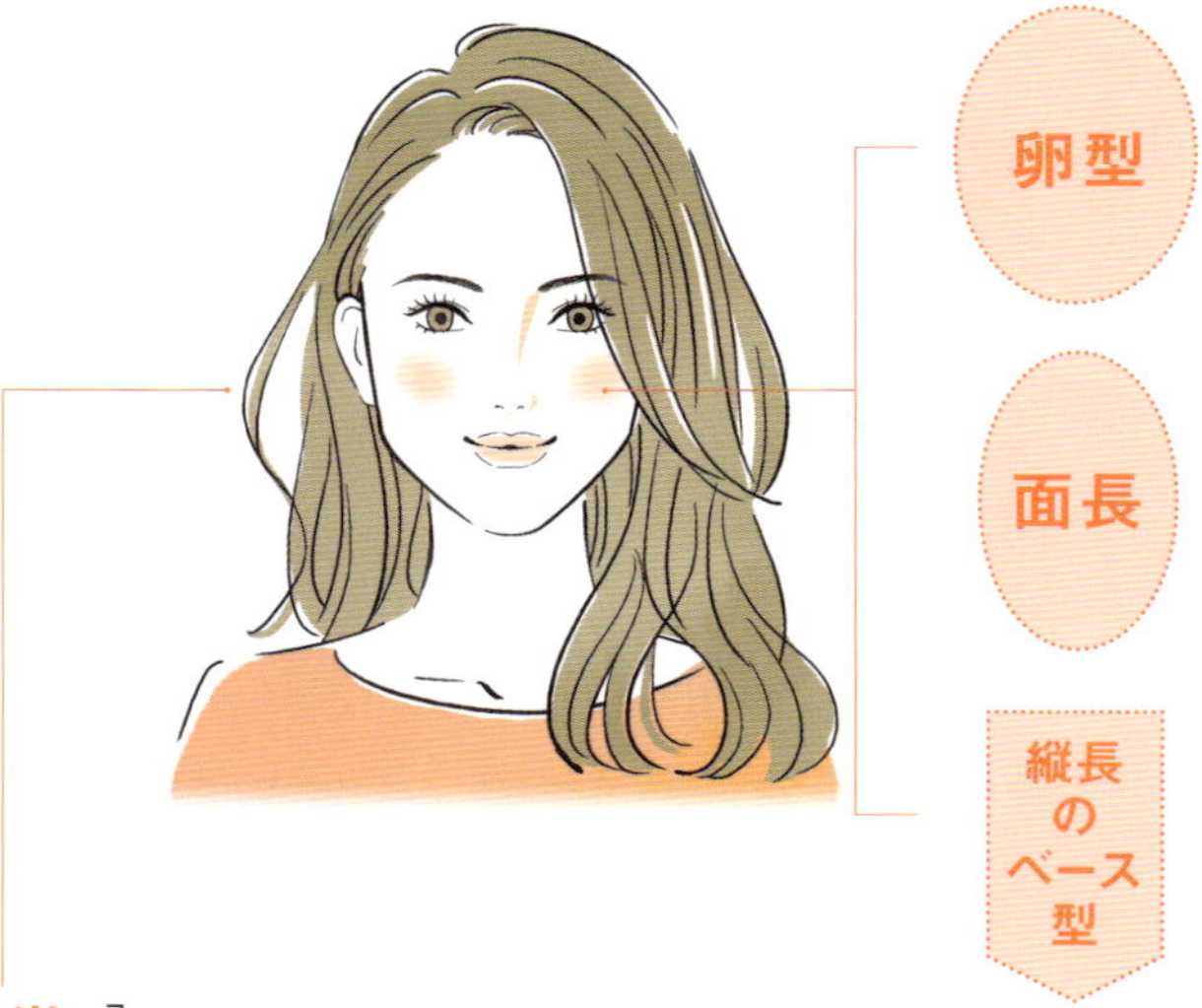

[特徴]

顔タイプ：大人×直線と曲線のミックス

顔型：卵型、面長、縦長のベース型

立体感：標準〜立体的

パーツ＆輪郭：どこかに直線か、骨っぽさがある

パーツの大きさ：大きめ

［印象］

エレガント、上品、洗練、華やか、落ち着き

［このタイプの有名人］

北川景子さん、篠原涼子さん、中谷美紀さん、ローラさん、後藤久美子さん

顔に長さがある大人バランスで、直線と曲線の両方をあわせ持つタイプです。このタイプの人は、上品で華やかかつ、落ちついた印象に見られます。女優さんにも多いタイプです。悩みとしては、派手に見られたり、必要以上にしっかりした印象に見られることがあげられます。その場合は、ソフトエレガントにもっていきます。

COLUMN
#001

こんなこともあなたの印象に影響します！

外見の印象は顔タイプ別にありますが、それだけではなく、次のようなことも印象に影響があります。

* 背が低い人は子供っぽい印象や可愛い印象が加わる
* 背が高い人は大人っぽい印象や落ち着いた印象が加わる
* 身体の骨格が大きく、厚みのある人はパワフルな印象になりやすい
* 肌の色が暗い（色黒）の人は落ち着いた印象、もしくは男性的に見られやすい
* まばたきの多い人は女性的で弱く見られやすい
* まばたきの少ない人は男性的で強く見られやすい

人は外見に表れるさまざまなことから情報を読み取り、「その人の印象」を決めていくのです。

Lesson 3

顔タイプ別「私の魅力」を引き出す服

最も自然で美しく見える、自分の顔に調和する服の基本

顔タイプ診断で自分の顔タイプを知ったら、次は具体的に「どんな服や小物、ブランドが似合うのか」を知っていきましょう。

「子供」「大人」「直線」「曲線」のそれぞれの特徴は、かけ合わせることでよりリアルな顔のテイストに近づきます。

顔タイプ診断で導き出した8つのタイプについて、それぞれがどんなテイストを持っているかをじっくり見ていきましょう。

そのうえで、**各タイプはどんなアイテムが似合うのか、どんなディテールを避けたほうがいいのか、服にとどまらずアクセサリーやヘアスタイルに至るまで、顔タイプ診断でわかることを詳しく解説**していきます。

自分の顔タイプが何を得意で何を不得意とするのかを、一度しっかりと頭に入れてしまえば、自分の顔に調和するアイテムを見つけやすくなり、似合うかどうかの判断が瞬時にできるようになります。

ただし、「これしか似合わない」「あれは着てはいけない」などとらわれすぎるのも、もっ

たいないことです。

また、各タイプにおすすめの雑誌を紹介していますが、「私の年齢に合わないのでは？」と不安にならないでください。基本的に各雑誌には得意なテイストがあります。

たとえば、キュートタイプの人はターゲットが若い世代向けのブランドが載っている雑誌ですが、テイストを見ておくとよいでしょう。

年齢に合わせた設定の雑誌を見ると、クールすぎて合わない服が増えます。実際にお店は、40代以降をターゲットにしたキュートなテイストのブランドもたくさんあります。

顔タイプ診断から導き出されたベースは7割以上にして、別のテイストを3割未満を目安に組み合わせると上手にまとまります。

なりたいイメージやトレンド、生活環境などをエッセンスとして加えて、自分らしいおしゃれを楽しく追求していきましょう。

まずはこれだけ覚える！

子供タイプはカジュアルが似合う

カジュアルな気取らない雰囲気がフィット

顔立ちが子供タイプの人は、顔に合わせてカジュアルな服が似合います。

反対に、あまりきちんとしすぎると、服に着られているかのような違和感が生まれます。ですから、大人っぽくしたいときにも、どこかにキュートさ、もしくはカジュアル感をいれることで、顔と服のバランスがよくなります。

まずはこれだけ覚える！

大人タイプはきれいめが似合う

シックな上品スタイルが雰囲気にフィット

顔立ちが大人タイプの人は、顔に合わせてきれいめな服が似合います。

反対に、カジュアルダウンしすぎると、だらしない印象になってしまうことがあります。カジュアルにしたいときも、少しきれいめで上品な要素をいれることで、顔と服のバランスがよくなります。

まずはこれだけ覚える！

顔に直線が多い人は直線的なものが合う

服の形や柄に直線をいれよう

顔に直線が多い人は、服も直線的なデザインが似合いやすいです。

特に、顔の影響をダイレクトに受ける襟元のラインには注意を払いましょう。Vネックトップスやテーラードジャケット、飾りのないシンプルなデザインは、シャープで直線的なのでなじみやすいです。反対に、大きなフリルや丸襟、丸みの強い花柄やドット柄などは曲線が強いので似合いづらいです。

柄も直線で構成されているストライプ、幾何学模様、ゼブラ柄などは顔のテイストに似合います。

また素材は骨格とも関係しますが、顔タイプに関係する部分もあり、直線タイプの人は目が詰まった、表面が平らでハリのあるものが似合いやすいです。

顔に曲線が多い人は曲線的なものが合う

服の形や柄に曲線をいれよう

顔に曲線が多い人は、服も曲線的なデザインが似合いやすいです。

特に襟元は、丸襟やクルーネック、Uネック、フリルなどのカーヴィなデザインをもってくるとしっくりきます。反対に、シャープな襟のシャツや深いVネックなどは、直線的なので違和感が生まれやすいです。

柄も丸みの強い花柄やドット柄、プッチ柄、ペイズリー柄、ヒョウ柄などの丸みのあるものは自然な印象になりますが、コントラストの強い太めのストライプなど、直線が強調されているものは似合いづらいです。

また素材は骨格とも関係しますが、顔タイプに関係する部分もあり、曲線タイプの人は柔らかな素材や、起毛している素材が似合いやすいです。

face type { 01 } cute

キュート

全体として可愛らしさや女性らしさ、優しさのある雰囲気を出すことでより一層、魅力的に輝きます。子供タイプなので、エレガントに大人っぽくするよりは、キュートやガーリーなテイストが似合います。甘すぎるのが嫌な場合、シンプルに仕上げながら、アクセサリーや襟元の形などで、どこかに曲線を取り入れましょう。

[似合うテイスト]

キュート、カジュアル、ガーリー、スイート、フェミニン

[似合うブランド]

Apuweiser-riche、JUSGLITTY、anatelier、Swingle、aquagirl、Rirandture、ELISA、TOCCA、FOXEY、JILLSTUART、SunaUna、any SiS、Aveniretoile、JUNKO SHIMADA、René、Sybilla、kate spade、STRAWBERRY-FIELDS、TSUMORI CHISATO、QUEENS COURT、MARGARET HOWELL

[似合う雑誌]

MORE、andGIRL、sweet、steady、Ray、リンネル

face type
[キュート] cute
[フレッシュ] fresh
[フェミニン] feminine
[クール] cool
055
[アクティブキュート] active cute
[クールカジュアル] cool casual
[ソフトエレガント] soft elegant
[エレガント] elegant

Point
ファッションのポイント

face type { 01 } cute

可愛らしいスタイルならおまかせ！

[トップス]

顔に近い場所にくるので、顔の雰囲気にあった曲線のあるデザインがおすすめです。たとえばVネックよりはUネック、角襟よりは丸襟などです。ギャザーやフリル、ビジューがついているものなども大得意です。シンプルなデザインでも袖がふっくらしていたり、レースがついているとよりキュートになります。服がシンプルすぎて寂しいときはアクセサリーで可愛らしさをプラスしましょう。

アウターはダッフルコートやGジャンなど、可愛らしさ、もしくはカジュアルさのあるものが得意。ウールやカシミヤのコートは丸襟や横幅のある襟、またはノーカラーがおすすめ。トレンチコートのように直線的でかっちりしたものはあまり似合いませんが、大きめな襟や短めな着丈でキュートさを加えたものならOK。

[ボトムス]

スカートはフレアスカートや台形スカート、コクーンスカート、Aラインスカートが得意。ロングスカートの場合は、コットン素材にするとよく似合います。

パンツはデニムやコットンパンツ、スキニーパンツ、ショートパンツなどがおすすめです。大人っぽいパンツは少しタックが入っていたり、共布リボンベルトがあると曲線要素がプラスされて似合いやすくなります。

[柄]

花柄、ドット（水玉）、ギンガムチェックなど丸みがあるか、キュートなカジュアルさのある柄が得意。太くてはっきりとしたストライプや幾何学模様など、直線的でシャープな柄やあまりインパクトの強い柄は苦手。

[靴やバッグ、帽子]

靴はバレエシューズやスニーカーなどつま先に丸みのあるもの、バッグも丸みのあるデザイン、たとえばかごバッグなどカジュアルさのあるものが似合います。帽子はベレー帽など子供の要素を感じるものがベスト。逆にクールでマニッシュな中折れハットなどは違和感があります。

Point ファッションのポイント

face type { 01 } cute

[アクセサリー]

丸みのあるデザインで、小さめ〜普通サイズが似合います。大ぶりでインパクトの強いものは負けてしまうので、繊細さや可愛らしさのあるデザインがおすすめ。ブレスレットは女性らしい華奢なもの、リングもカーヴィなデザインや丸いモチーフが入ったものが◎。時計は曲線の入ったサークルやオーバルのフェイスが似合います。

ファッションアイテムをコラージュしてみましょう。

ヘアスタイルに丸みをつくることで魅力が輝く

Point
ヘアスタイルのポイント

［ 長さ ］

ショート〜セミロングの短めの長さがおすすめ。長くするほどおとなしい印象になるので、その場合は前髪をつくったり、ラフなまとめ髪にしたりすることで軽やかな子供要素が加わり、バランスがよくなります。お団子ヘアは大得意。前髪はまっすぐ切りそろえるのも、斜めに流すのも、おでこを出すのも得意です。

［ シルエット ］

丸みのあるふんわりしたシルエットが似合います。シャギーやレイヤーがたくさん入った直線的なデザインや、ワンレングスの前下がりボブなど、クールなヘアスタイルは苦手です。

ショート

ミディアム

ロング

face type { 02 } fresh

フレッシュ

子供×直線と曲線をあわせ持つタイプを生かした、爽やかかつシンプルでカジュアルなテイストが似合います。どこかにカジュアルな要素を取り入れることでより一層、魅力的に輝きます。大人っぽいクールさやエレガントさがほしいときには、全身ではなく一部に取り入れましょう（素材やデザイン、アイテムなど）。

[似合うテイスト]

フレッシュ、カジュアル、ソフトエレガント、ボーイッシュ、清楚

[似合うブランド]

UNITED ARROWS、BEAMS、SHIPS、Spick & Span、ROPE'、IENA、HELIOPOLE、PLST、BARNYARDSTORM、NOLLEY'S、NATURAL BEAUTY BASIC、UNTITLED、23 区、INED、MACKINTOSH PHILOSOPHY、JIL SANDER NAVY、Shinzone、HUMAN WOMAN、MACPHEE、nano・universe、ADAM ET ROPE'、MHL

[似合う雑誌]

VERY、LEE、InRed、GLOW、リンネル、Oggi

face type
[キュート] cute
[フレッシュ] fresh
[フェミニン] feminine
[クール] cool
061
[アクティブキュート] active cute
[クールカジュアル] cool casual
[ソフトエレガント] soft elegant
[エレガント] elegant

Point
ファッションのポイント

face type { 02 } fresh

気取らない シンプルカジュアルが 大得意

[トップス]

シンプルですっきりしたデザインが似合います。デコラティブなデザインやフリルの多いものは苦手です。また、ボーダー柄のTシャツやストライプのシャツワンピースのように、直線×カジュアルな着こなしが得意。子供タイプなのでパリッとした大人っぽいシャツよりは、スキッパーシャツのようにデザインか素材感がカジュアルなものを選ぶとよいでしょう。一方、デコラティブなデザインや個性的で強いクセのあるものには負けてしまうことがあります。

アウターはダッフルコートやピーコート、ステンカラーコート、フード付きコート、Gジャンのようなシンプルなデザインでカジュアル感のあるものがおすすめ。

[ボトムス]

スカートはAラインスカートやカーゴタイトスカート、フレアスカート（ギャザーは少なめ）、台形スカートが得意。ロングスカートの場合は、コットン素材にするとよく似合います。

パンツはデニムやコットンパンツ、スキニーパンツ、ショートパンツなどがおすすめです。

［ 柄 ］

基本的に無地が得意。柄ものを取り入れるなら、ボーダー、細めのストライプ、星、ギンガムチェック、小花柄など、地色の面積が多く、柄が少ないものが似合います。逆に、太いストライプや幾何学模様など、インパクトの強い柄には負けてしまうことがあります。

［ 靴やバッグ、帽子 ］

スニーカーやぺたんこのポインテッドトゥシューズ、シンプルなパンプスなどが得意。バッグはトートバッグや、同じような形の革素材のものなどカジュアルさのあるものや、直線のあるものが似合いやすいです。帽子はキャスケットやサファリハットなど、つばが短めのコンパクトなものが似合います。逆に、つばの広いエレガントな女優帽などは違和感があります。

face type { 02 } fresh

[アクセサリー]

小さめ〜普通の大きさで、直線のあるシンプルなデザインが似合います。大ぶりでインパクトの強いものは負けてしまいますが、もし華やかさがほしい、パワフルに見せたい場合は、シンプルなデザインであれば大ぶりなピアスやイヤリングならOK。ブレスレットもすっきりとした直線的なもの、リングもデコラティブすぎないシンプルなデザインが似合います。時計は小ぶりのスクエアフェイスやベルトがナイロンストラップなどカジュアルなものがおすすめ。

ファッションアイテムをコラージュしてみましょう。

ヘアスタイルは軽やか＆ナチュラルがキーワード

Point
ヘアスタイルのポイント

［ 長さ ］

ショート〜セミロングの短めの長さがおすすめ。ロングヘアよりも、肩前後の長さのほうが魅力を発揮できます。基本的に前髪をつくるのが似合いますが、大人っぽくしたい場合は前髪をなくすのも、斜めに流すのもよいでしょう。

［ シルエット ］

直線を感じるシルエットが似合います。パーマはかけすぎると違和感がでるので、かける場合はナチュラルなウェーブか、毛先が外ハネのスタイルがおすすめ。セミロングの場合もストレートか、少し内巻き程度が似合います。

ショート　　ミディアム　　ロング

face type { 03 } feminine

フェミニン

大人×曲線を生かした大人っぽく、女性らしさのあるテイストが得意です。シンプルでもどこかに曲線やギャザーを含むデザイン、華やかさのあるデザインが似合います。反対に、カジュアルな服はあまり得意ではないので、カジュアルにしたいときもきれいめで上品なコーディネイトに仕上げましょう。

[似合うテイスト]

フェミニン、エレガント、セクシー、コンサバ

[似合うブランド]

ANAYI、Apuweiser-riche、JUSGLITTY、LAISSE PASSE、PROPORTION BODY DRESSING、M-PREMIER、Maglie par ef-de、CLATHAS、Jewel Changes、EPOCA、PAOLA FRANI、FOXEY、STRAWBERRY-FIELDS、PAULE KA、SunaUna、SOUP、TADASHI SHOJI、La TOTALITE、René

[似合う雑誌]

美人百花、andGIRL、sweet、steady、CanCam、25ans

face type
[キュート] cute
[フレッシュ] fresh
[フェミニン] feminine
[クール] cool
067
[アクティブキュート] active cute
[クールカジュアル] cool casual
[ソフトエレガント] soft elegant
[エレガント] elegant

Point
ファッションのポイント

face type { 03 } feminine

パッと目を引く華やかさ、女らしさが武器

[トップス]

カジュアルすぎず、大人の女性らしいトップスが得意です。たとえば、Tシャツよりはブラウスやレースのトップスが似合います。顔に曲線が多いので、襟元や袖のどこかに曲線のあるデザインが似合います。VネックよりはUネックや丸首。ギャザーのあるデザインやボウタイブラウスなど、女性らしいものをセレクトしましょう。アウターは華やかなファー付きやエレガントな丸首のノーカラー、ショールカラーのコートが得意。フード付きやGジャン、ダッフルコートなど子供っぽいデザインは苦手です。

[ボトムス]

スカートはフレアスカートやタイトスカート、Aラインスカート、長さはひざ丈〜ロングスカートが得意。

パンツはきれいめな素材で、ワイドパンツ、タックパンツ、スキニーパンツなど女性らしいシルエットがでるものが得意です。デニムをはく場合はダメージが少ないものを選びましょう。

［ 柄 ］

花柄、ドット（水玉）、ペイズリー、ヒョウ柄など、曲線的な柄が得意。千鳥格子やグレンチェックなど、大人のチェック柄も○。ただし、花柄でも小花柄は地味になるので、普通～大きめの柄をセレクトしましょう。太いストライプやゼブラ柄など直線的な柄は苦手。

［ 靴やバッグ、帽子 ］

ラウンドトゥのパンプスやヌーディなサンダルなど、女性らしい上品な靴が得意。スニーカーは苦手な傾向にあります。バッグもボリード型など、上品さがあり角が直角でないものが特に◎。帽子はつばが広い女優帽が似合います。逆に、カジュアルなキャップ、アウトドアっぽいサファリハットは似合いづらいです。

Point
ファッションのポイント

face type { 03 } feminine

[アクセサリー]

普通〜大きめの曲線のあるデザインが似合います。華やかな大ぶりのものが得意で、華奢で小さなピアスやイヤリングは寂しく物足りない印象になります。ブレスレット、リング、時計についても、直線的でシャープすぎるデザインは似合いづらいです。

ファッションアイテムをコラージュしてみましょう。

ウェーブやカールで華やかに盛るのが鉄則

Point
ヘアスタイルのポイント

[長さ]

セミロング〜ロングがおすすめです。ショートの場合はボーイッシュなスタイルは苦手なので、巻いたり、後頭部のトップにボリュームを出して大人っぽいショートに。前髪はあってもなくてもよいですが、前髪をつくる場合は斜めに流して大人っぽさをだすとよいでしょう。

[シルエット]

丸みのあるシルエットがマッチします。巻き髪やパーマなど、髪に曲線のあるスタイルは華やかさが増し、よく似合います。反対に、シャギーが多く入ったデザインや外ハネボブなど、直線的なヘアスタイル（デザイン）は似合いません。

ショート

ミディアム

ロング

face type { 04 } cool

クール

大人×直線を生かしたスタイリッシュでクールなテイストが似合います。きりっとした魅力を強調する都会的でマニッシュなデザインが得意です。ただし、男性っぽくなることもあるので、色や素材に女性らしさを取り入れたり、ディテールの一部に曲線を取り入れましょう。

[似合うテイスト]

クール、マニッシュ、モダン、エレガント

[似合うブランド]

Theory、ICB、JOSEPH、ESTNATION、BARNEYS NEWYORK、BEIGE、Calvin Klein、DKNY、GOUT COMMUN、index、BOSCH、DRESSTERIOR、Mystrada、qualite、TOMORROWLAND、COUP DE CHANCE、UNITED ARROWS、PLST、INDIVI、allureville

[似合う雑誌]

Domani、Precious、Oggi、CLASSY.、Marisol、éclat

face type
［キュート］cute
［フレッシュ］fresh
［フェミニン］feminine
［クール］cool

［アクティブキュート］active cute
［クールカジュアル］cool casual
［ソフトエレガント］soft elegant
［エレガント］elegant

Point
ファッションのポイント

face type { 04 } cool

一目置かれる クール&エレガントが 魅力

[トップス]

顔の雰囲気にあわせて直線的なデザインが似合います。Vネックやシャツカラーが◎、Uネックと丸首は○。フリルがたくさんありすぎると顔の雰囲気とあわなくなり、違和感が生まれます。女性らしい柔らかさを加えたいときは、袖にフリルをもってきたらボトムスはパンツにするなど、辛さを加えたスタイリングにすると馴染むようになります。少しハリのある目の詰まった素材が得意。

アウターはシンプルで大人っぽいデザイン、特にトレンチコートやチェスターコートなど直線的なシルエットが得意です。ハードなライダースもさらりと着こなせます。大人タイプなので、丸襟やGジャン、ダッフルコートなど子供っぽいデザインは苦手。

[ボトムス]

スカートはタイトスカートやAラインスカートが特におすすめ。

フレアスカートの場合はギャザーが少なめなものを選んで。

パンツはセンタープレスの入ったピリッとしたデザインが似合います。ワイドパンツの場合はとろみのある女性らしいものよりは、センタープレスされた固めな素材が得意。デニムをはく場合はダメージが少ないものを選びましょう。

［ 柄 ］

ストライプ、幾何学模様、直線的な花柄、ゼブラ柄が似合います。反対に、丸みの強い花柄やドット（水玉）などの曲線的な柄、またギンガムチェックなどの子供っぽい柄は苦手です。

［ 靴やバッグ、帽子 ］

ポインテッドトゥのパンプスやサンダルなど、大人っぽいデザインが似合います。スニーカーなどカジュアルなもの、つま先が丸いバレエシューズなど、キュートなものは苦手。バッグも上品さがあり、丸みが強くないケリーバッグのような直線的なデザインが特に似合います。帽子はマニッシュな中折れハットが◎。逆に、子供っぽいキャスケットやベレー帽は似合いません。

Point
ファッションのポイント

face type { 04 } cool

[アクセサリー]

普通〜大きめの直線のあるデザインが似合います。顔に女性らしさをプラスしたい場合は、曲線的なピアスやイヤリングなどを持ってくるとよいですが、その場合もフープピアスよりも、ティアドロップ型のほうがなじみます。ブレスレットはすっきりとした直線的なもの、リングも太めで直線的なデザインが似合います。時計は存在感のあるスクエアフェイスがおすすめ。

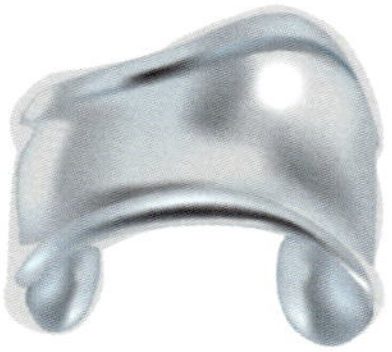

ファッションアイテムをコラージュしてみましょう。

ヘアスタイルで女性らしさをプラスオン

Point
ヘアスタイルのポイント

［ 長さ ］

セミロング〜ロングがおすすめ。ショートの場合は男性的なかっこいい印象になるタイプです。どちらかというと長くすることで女性らしさが加わり、美人度がアップします。前髪はあってもなくてもよいですが、つくる場合は斜めに流すか、モード感のあるパッツン前髪が○。

［ シルエット ］

直線、もしくはゆるやかな曲線を感じるスタイルが似合います。ストレートの前下がりボブや、大きめのウェーブをつけた巻き髪スタイルで華やかさを演出するのもよいでしょう。反対に、ふわふわした感じやクルクルと曲線の強い可愛らしいスタイルは似合いません。

ショート

ミディアム

ロング

face type { 05 } active cute

アクティブキュート

子供×曲線タイプなのでカジュアルをベースにするのが似合います。ただ、このタイプはパーツが大きいので、大人っぽさもあるのが特徴です。シンプルながらどこかに曲線のある服、そしてカジュアルさがあることがポイント。素材、色、デザインでインパクトをつけたり、小物をアクセントにして個性をプラスしましょう。反対に、エレガントなスタイルは違和感が生まれます。

[似合うテイスト]

カジュアル、キュート、ポップ、アクティブ

[似合うブランド]

SNIDEL、LANVIN en Bleu、FLICKA、kate spade、alice + olivia、Te chichi、IENA、JILLSTUART、ENFOLD、MARGARET HOWELL、agnès b.、Tara Jarmon、LE CIEL BLEU、Drawer、TSUMORI CHISATO、w closet、NINE、AVAN LILY、DRWCYS、Tiara

[似合う雑誌]

VERY、FUDGE、sweet、GISELe、SPUR、美人百花

face type
[キュート] cute
[フレッシュ] fresh
[フェミニン] feminine
[クール] cool
079
[アクティブキュート] active cute
[クールカジュアル] cool casual
[ソフトエレガント] soft elegant
[エレガント] elegant

Point
ファッションのポイント

face type { 05 } active cute

どこかに インパクトがある カジュアルを

[トップス]

顔に近い場所にくるので、顔の雰囲気にあった曲線のあるデザインがおすすめです。たとえばVネックよりはUネック、角襟よりは丸襟などです。ギャザーやフリル、ビジューがついているものなども大得意です。アクティブキュートはキュートよりも色やデザインのどこかにインパクトのあるものや、ハリのある素材も似合います。アウターはダッフルコートやGジャンなど、可愛らしさ、もしくはカジュアルさのあるものが得意。ウールやカシミヤのコートは丸襟や横幅のある襟、またはノーカラーがおすすめ。トレンチコートのように直線的でかっちりしたものはあまり似合いませんが、大きめの襟や短めな着丈でキュートさを加えたものならOK。

[ボトムス]

スカートはフレアスカートや台形スカート、コクーンスカート、Aラインスカートが得意。ロングスカートの場合は、コットン素材にするとよく似合います。

パンツはデニムやコットンパンツ、スキニーパンツ、ショートパンツなどがおすすめです。大人っぽいパンツは少しタックが入っていたり、共布リボンベルトがあると曲線要素がプラスされて似合いやすくなります。

[柄]

花柄、ドット（水玉）、ギンガムチェックなど、曲線的で大きな柄が似合います。太いストライプやゼブラ柄など直線が協調される柄は苦手。ただし、幾何学模様など直線的でシャープな印象の柄も、強すぎなければ着こなせます。

[靴やバッグ、帽子]

キュートと同様、スニーカーなどカジュアルさのある靴や、バレエシューズやパンプスでもつま先に丸みのある靴が似合います。ただし、パンプスでもパイソン柄などクールな印象の柄は似合いづらいです。バッグはかごバッグやキャンバストート、フェイクファーバッグなど、丸みのあるものか、カジュアルな素材のものが似合います。帽子はベレー帽など丸みがあるものがベスト。

face type { 05 } active cute

[アクセサリー]

普通〜大きめの曲線のあるデザインが似合います。インパクトのある大きめのものでも負けません。プラスチックなどカジュアルな素材も得意で、アクティブキュートならではのスタイルが生まれます。ブレスレットは女性らしいデザイン、もしくは個性的でインパクトのあるもの、リングも丸いモチーフが入ったものがおすすめ。時計は曲線の入ったサークルやオーバルのフェイスを選んで。

ファッションアイテムをコラージュしてみましょう。

ヘアスタイルに丸みをつくることで魅力が輝く

Point ヘアスタイルのポイント

[長さ]

キュートタイプと同様、ショート〜肩につかないくらいのボブがおすすめ。ロングも似合わなくはないですが、長くするほどおとなしい印象に見られやすくなります。その場合はラフなまとめ髪にしたり、前髪をつくるとよいでしょう。お団子ヘアは大得意です。

[シルエット]

丸みのあるシルエットが似合います。ふんわり柔らかな質感、つくり込みすぎないスタイルがマッチします。反対に、シャギーやレイヤーが多く入ったスタイルやワンレングスのロングヘア、前下がりボブなどクールなスタイル、ゴージャスで大人っぽい巻き髪スタイルは苦手。

ショート

ミディアム

ロング

face type { 06 } cool casual

クールカジュアル

全体としてカジュアルをベースにするのが似合います。直線が多いタイプなので、曲線的な可愛らしいテイストが似合いません。それよりも直線的なクールなテイストやシンプルなデザインが得意。顔に肉感があまりなく、子供タイプなので、ボーイッシュな着こなしもお手のもの。少し個性的なデザインが入ったカジュアルな服も似合います。

[似合うテイスト]

クールカジュアル、ボーイッシュ、モード、スポーティ

[似合うブランド]

JOURNAL STANDARD、MURUA、AMERICAN RAG CIE、Mila Owen、Another Edition、UNITED ARROWS、BEAMS、L'Appartement、URBAN RESEARCH、Whim Gazette、TODAYFUL、Deuxieme Classe、COMME CA DU MODE、HELMUT LANG、DIESEL、PLAIN PEOPLE、JOSEPH、MOUSSY

[似合う雑誌]

GISELe、GLOW、FUDGE、VERY、CLASSY.、SPRiNG

[キュート]
cute

[フレッシュ]
fresh

[フェミニン]
feminine

[クール]
cool

085

[アクティブキュート]
active cute

[クールカジュアル]
cool casual

[ソフトエレガント]
soft elegant

[エレガント]
elegant

Point
ファッションのポイント

face type { 06 } cool casual

カジュアルベースでどこかに遊びをプラス

[トップス]

襟元や袖のどこかに直線のあるデザインで、カジュアル系のテイストが似合います。たとえばライダースジャケットにボーダーＴシャツなど、シンプルな中にクールさを含んだカジュアルな服を選びましょう。メンズライクなシャツも素敵に着こなせます。あえてオーバーサイズのゆるっとしたボリューム感のあるものを着るのもおすすめです。

アウターはＧジャン、MA-1、ライダース、ミリタリージャケットなど、辛口アイテムが◎。トレンチコート、チェスターコート、テーラードジャケットなども似合います。フリルの多い服はNG。

[ボトムス]

すっきりしたＩラインシルエットのワンピースやデニムタイトスカートが得意。ギャザーが多く、広がるフレアシルエットは曲線が多すぎるため似合いづらいです。

パンツはショートパンツ、ワイドパンツ、ボーイフレンドデニム、スキニーパンツなどがおすすめです。デニムは特に似合います。

[柄]

ストライプやボーダーなどの直線的なものが似合います。星も得意です。花柄の場合は、あまり大きくない小花柄や線的な花柄ならOK。

[靴やバッグ、帽子]

スニーカーやポインテッドトゥのぺたんこ靴、エンジニアブーツや乗馬ブーツなどボリューム感のある靴は特に得意。バッグはシンプルでクールなものが基本で、レザーやステッチ入り、スタッズ付きなど、少しカジュアル感があるとさらに◎。帽子はキャップなど、ボーイッシュなものが似合います。

Point
ファッションのポイント

face type { 06 } cool casual

[アクセサリー]

小さめ〜普通の直線のあるデザイン、主張しすぎないシンプルなものが似合います。モチーフが大ぶりで曲線が強いものは負けてしまうので、丸みのあるデザインを取り入れるなら小さめを選んで。可愛らしすぎるものは苦手です。時計はスクエアフェイスが相性◎ですが、サークルフェイスでもボーイッシュなテイストのものならOK。

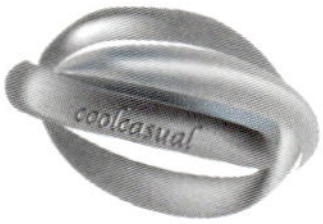

ファッションアイテムをコラージュしてみましょう。

ヘアスタイルもカジュアルを意識して正解

Point
ヘアスタイルのポイント

[長さ]

ショート〜セミロングの短めの長さがおすすめ。ロングヘアよりも肩前後の長さのほうが魅力を発揮できます。前髪をつくるのは似合いますが、斜めに流すのが◎。大人っぽくしたい場合は前髪をなくすのもよいでしょう。

[シルエット]

直線を感じるスタイルが似合います。パーマはかけすぎると違和感がでるので、かける場合はナチュラルなウェーブか、少し内巻き程度がおすすめ。毛先が外ハネのスタイルは得意です。個性を加えたいなら、さりげなくアシンメトリーにした前髪も似合います。一方で、ゴージャスな大人っぽい巻き髪はあまり似合いません。

ショート　ミディアム　ロング

face type { 07 } soft elegant

ソフトエレガント

大人タイプなので、上品できれいめなスタイルが似合います。あまりにもカジュアルなスタイルは違和感がでます。直線と曲線の両方をあわせ持つタイプなので、どちらの要素が多いかによって似合う服に幅があります。直線がより多い人はシンプルでクールに近いもの、曲線がより多い人はフェミニンに近いものが似合います。

[似合うテイスト]

ソフトエレガント、ノーブル、トラディショナル、
ソフィスティケート

[似合うブランド]

INED、DES PRÉS、UNTITLED、Paul Stuart、AMACA、TOMORROWLAND、NATURAL BEAUTY BASIC、M-PREMIER、ROPE’、NOLLEY'S、BOSCH、Mystrada、自由区、組曲、MOGA、NOBLE、La TOTALITE、COUP DE CHANCE、INDIVI、OFUON

[似合う雑誌]

Precious、Oggi、BAILA、Domani、Marisol、ミセス

[キュート]
cute

[フレッシュ]
fresh

[フェミニン]
feminine

[クール]
cool

091

[アクティブキュート]
active cute

[クールカジュアル]
cool casual

[ソフトエレガント]
soft elegant

[エレガント]
elegant

Point
ファッションのポイント

face type { 07 } soft elegant

控えめな女らしさで好印象を手に入れて

[トップス]

上品さが魅力のタイプなので、シンプルで奇をてらわないコンサバティブなデザインの服が似合います。デコラティブなデザインの服を着ると、服に負けてしまうことがあります。ブラウスやニット、プルオーバー、レースなど、大人の女性らしいきれいめなものがおすすめ。直線と曲線の両方をもっているので、襟元はVネック、Uネック、丸首など似合う範囲は広いですが、あまりにフリルがたくさんあったり、シャープすぎるデザインは似合いません。大人タイプなのでカジュアルも得意ではありません。

アウターはウールやカシミヤのシンプルなコート、ステンカラーコートなどが得意です。フード付きやGジャン、ダッフルコートなど子供っぽいデザインは苦手です。

[ボトムス]

スカートはタイトスカートやAラインスカート、プリーツスカートが特におすすめ。フレアスカートの場合はギャザーが少なめなものが得意。柔らかな素材も似合います。長さはひざ丈〜ロングが得意です。

パンツはシンプルなデザインできれいめな素材が似合います。

[柄]

基本的には無地が得意。柄を取り入れる場合は、細いストライプや小さめの幾何学模様、ペイズリー、あまり大きくない花柄がおすすめ。薄めの色や、小さめの柄にするとよいでしょう。

[靴やバッグ、帽子]

パンプスやサンダルなど女性らしい上品な靴が似合います。スニーカーは苦手。バッグも上品でシンプルなものが似合います。帽子はつばが適度な長さの女優帽、中折れハットなど、大人っぽさのあるものが似合います。反対に、カジュアルなキャップ、アウトドアっぽいサファリハットなどは似合いづらいです。

Point
ファッションのポイント

face type { 07 } soft elegant

[アクセサリー]

小さめ～普通のシンプルなデザインが似合います。直線的なデザインも曲線的なデザインも両方OK。ただし、デコラティブで大きすぎるものは苦手。ブレスレット、リング、時計についても、主張しすぎるデザインは避けたほうが無難です。

ファッションアイテムをコラージュしてみましょう。

毛先のワンカールなど、ちょっとした動きをつけて

Point
ヘアスタイルのポイント

［ 長さ ］

ショート～セミロングがおすすめです。ショートの場合はさっぱりとした印象になりやすいので、どちらかというと長くして女性らしさを加えるとバランスがよくなり、美人度がアップします。前髪はあってもなくてもよいですが、つくる場合は斜めに流して大人っぽさを出しましょう。

［ シルエット ］

直線を感じるシルエットか、適度なウェーブのあるシルエットが似合います。ボブ～セミロングくらいの内巻きスタイル、コンサバティブで上品なヘアスタイルが似合います。前髪は斜めに流すか、前髪がないスタイルがおすすめ。前髪をまっすぐに切りそろえるのは似合いません。

ショート

ミディアム

ロング

face type {08} elegant

エレガント

ソフトエレガント同様、大人タイプなので、上品できれいめなスタイルが似合います。あまりにもカジュアルなスタイルは違和感がでます。直線と曲線をあわせ持つタイプなので、どちらの要素が多いのかによって似合う服に幅があります。直線がより多い人はシンプルでクールに近いもの、曲線がより多い人はフェミニンに近いものが似合います。ただし、ソフトエレガントよりも華やかさ、強さを意識しましょう。

[似合うテイスト]

エレガント、コンサバ、トラディショナル

[似合うブランド]

PINKY & DIANNE、COUP DE CHANCE、The Virgnia、NARACAMICIE、MOGA、Mystrada、La TOTALITE、TOMORROWLAND、ESTNATION、GOUT COMMUN、allureville、GRACE CONTINENTAL、YOKO CHAN、TADASHI SHOJI、BARNEYS NEWYORK、DOUBLE STANDARD CLOTHING、wb 、GALLARDAGALANTE、NOBLE、JUSGLITTY

[似合う雑誌]

Marisol、BAILA、Domani、CLASSY.、Precious、HERS

[キュート]
cute

[フレッシュ]
fresh

[フェミニン]
feminine

[クール]
cool

097

[アクティブキュート]
active cute

[クールカジュアル]
cool casual

[ソフトエレガント]
soft elegant

[エレガント]
elegant

Point
ファッションのポイント

face type { 08 } elegant

華やかさを生かしたファッションが◎

[トップス]

華やかさが魅力のタイプなので、色やデザイン、柄、素材など、すべてが普通だと寂しく見えます。シンプルなブラウスでも袖にボリュームがあったり、どこかインパクトのある華やかさをプラスすることで魅力が輝きます。シンプルなニットのときは大きなアクセサリーをつけるか、スカーフを巻いたりして華やかさをプラスしましょう。素材は少しハリのある素材が似合います。

アウターはウールやカシミヤのシンプルなコート、トレンチコートなどをベースにファーやストールで華やかさをプラスすると素敵です。

[ボトムス]

スカートはタイトスカート、Aラインスカート、プリーツスカート、フレアスカートなどが得意。ハリのある素材やカラフルなものも似合います。長さはひざ丈〜ロングが得意です。

パンツはシンプルなデザインできれいめな素材が似合います。

[柄]

大きめの柄が似合います。花柄、幾何学模様、ヒョウ柄など、曲線的な柄もストライプやゼブラ柄などの直線的な柄も両方得意です。逆に、小さな柄は寂しく物足りなく見えます。

[靴やバッグ、帽子]

パンプスやサンダルなど女性らしく、上品な靴が似合います。スニーカーは苦手。バッグも上品でシンプルなものが似合います。帽子はつばが広い女優帽、クールな中折れハットなど、大人っぽさのあるものが似合います。反対に、カジュアルなキャップ、アウトドアっぽいサファリハットなどは似合いづらいです。

face type { 08 } elegant

[アクセサリー]

普通〜大きめのサイズであれば、シンプルなものもデコラティブなものも似合います。小さいアクセサリーは寂しく物足りなく見えます。ブレスレット、リング、時計についても普通〜大きめが似合います。ラインストーンなどがあしらわれたキラキラしたものも嫌みなくつけられます。

ファッションアイテムをコラージュしてみましょう。

断然、美人度の高いロングヘア

Point
ヘアスタイルのポイント

［ 長さ ］

ロングがおすすめです。ショートの場合はクールな印象になりやすいので、どちらかというと長くして女性らしさを加えるとバランスがよくなり、美人度が上がります。前髪はあってもなくてもよいですが、つくる場合は斜めに流して大人っぽさを出しましょう。

［ シルエット ］

直線を感じるストレートヘア、もしくは大きなウェーブのあるシルエットが似合います。ふわふわした感じやクルクルと曲線の強い可愛らしいヘアスタイルは似合いません。前髪は斜めに流すか、前髪がないスタイルがおすすめ。前髪をまっすぐに切りそろえるのは似合いません。

ショート

ミディアム

ロング

「フェイスマッチ」で顔タイプ診断の答え合わせが簡単にできる

顔立ちは似合う服を大きく左右します。理論ではわかっても、実際にどんな服が似合うのか、具体的にわからないときにとても役立つのが**「フェイスマッチ」**です。

顔タイプ診断の結果をリアルに実感できる、あるいは似合うものと似合わないものを視覚的に捉えることができます。

これは、**自分の顔写真をファッション雑誌のコーディネイトの顔部分に当てて、そのコーディネイトが似合うかどうかを判断**するもの。顔タイプ診断の基本をしっかり理解したうえでやると、面白いほど自分のことを客観視できます。

まずは次の3つを準備して始めましょう。

［ **準備するもの** ］

* ファッション雑誌2〜3冊
* 自分のカラー顔写真（顔の縦横幅2〜3㎝が目安）
* はさみorカッター

ファッション誌を120％フル活用しよう！

やり方は簡単。まず自分の顔写真を用意します。旅行の写真でも、履歴書に貼る証明写真でも何でもＯＫです。

顔の縦横２～３㎝くらいの大きさで首から上の部分を切り取ります。できるだけ普段のヘアメイクに近い写真にしましょう。

次に、雑誌を２～３冊用意します。どの雑誌にしたらいいかわからなければ、顔タイプ診断の各ページにあげたものを参考にしてもいいでしょう。同じ傾向の雑誌でもテイストに幅があるので、無理に違うものを探す必要はありません。

たとえば、子供×曲線の人は、『MORE』

『sweet』『美人百花』などですが、**フェイスマッチはあくまでテイストを確認する作業**なので、若い世代向けの雑誌でも雰囲気を参考にすればいいのです。

意外に**使いやすいのが通販冊子**。無料でもらえることも多く、**コーディネイトにリアリティがあるうえ、いろんなテイストが入っているのでおすすめ**です。

雑誌を決めたら、モデルさんの顔の部分に自分の顔写真をどんどん当てていきます。すると、自然になじむものと違和感があるものがわかってきます。自然になじむというのは、似合うということ。

後で答え合わせをしてもらうとわかりますが、不思議なことにフェイスマッチで骨格診断やパーソナルカラー診断に合うものもわかることが多く、フェイスマッチはとても実用性が高いメソッドです。

ちなみに、インターネットの通販サイトで買い物をするときも有効です。アイテムの画面の上に自分の顔写真を当ててみると、似合うかどうかがよくわかります。

ワンポイント！

あなただけのファッションブックをつくろう

自分に似合うお気に入りのコーディネイトを集めたら、はさみやカッターで雑誌から切り抜きます。

ノートを１冊用意して、それらをノートに貼りつけてオリジナルのスクラップブックをつくりましょう。

こうしてできたスクラップブックは自分に必要な情報が集約されているので、何が似合うのかということが頭に入りやすくなります。そのうちショッピングでも毎朝のコーディネイトでも、迷わず決められるようになりますし、無駄遣いもなくなりますよ。

COLUMN #002

似合う柄の大きさを決めるのは、身長よりも「顔」

似合う柄は何が基準で決まると思いますか？

一般的に、「身長が高い人は大きな柄、身長の低い人は小さな柄が似合う」といわれていますが、実は**身長以上に重要なのが「顔」**なのです。

たとえば、花柄のワンピースを選ぶとします。女優の小西真奈美さんは高身長ですが、大きな花柄より小さな花柄のほうが似合います。それは、顔立ちが子供タイプでパーツも小さいからです。そのため、身長が高くても大きな花柄を着ると柄に負けてしまいます。

一方で、女優の土屋太鳳さんは小柄ですが、顔立ちが大人タイプでパーツも大きいので、大きな花柄のほうが似合います。

これは花柄に限らず、あらゆる柄を選ぶときに共通していえることです。

特に目が大きく目力が強ければ、柄も大きくインパクトのあるものを選ぶとよいでしょう。

似合う柄は身長に関係なく、顔のタイプとパーツの大きさ・形に連動する、これを覚えておきましょう。

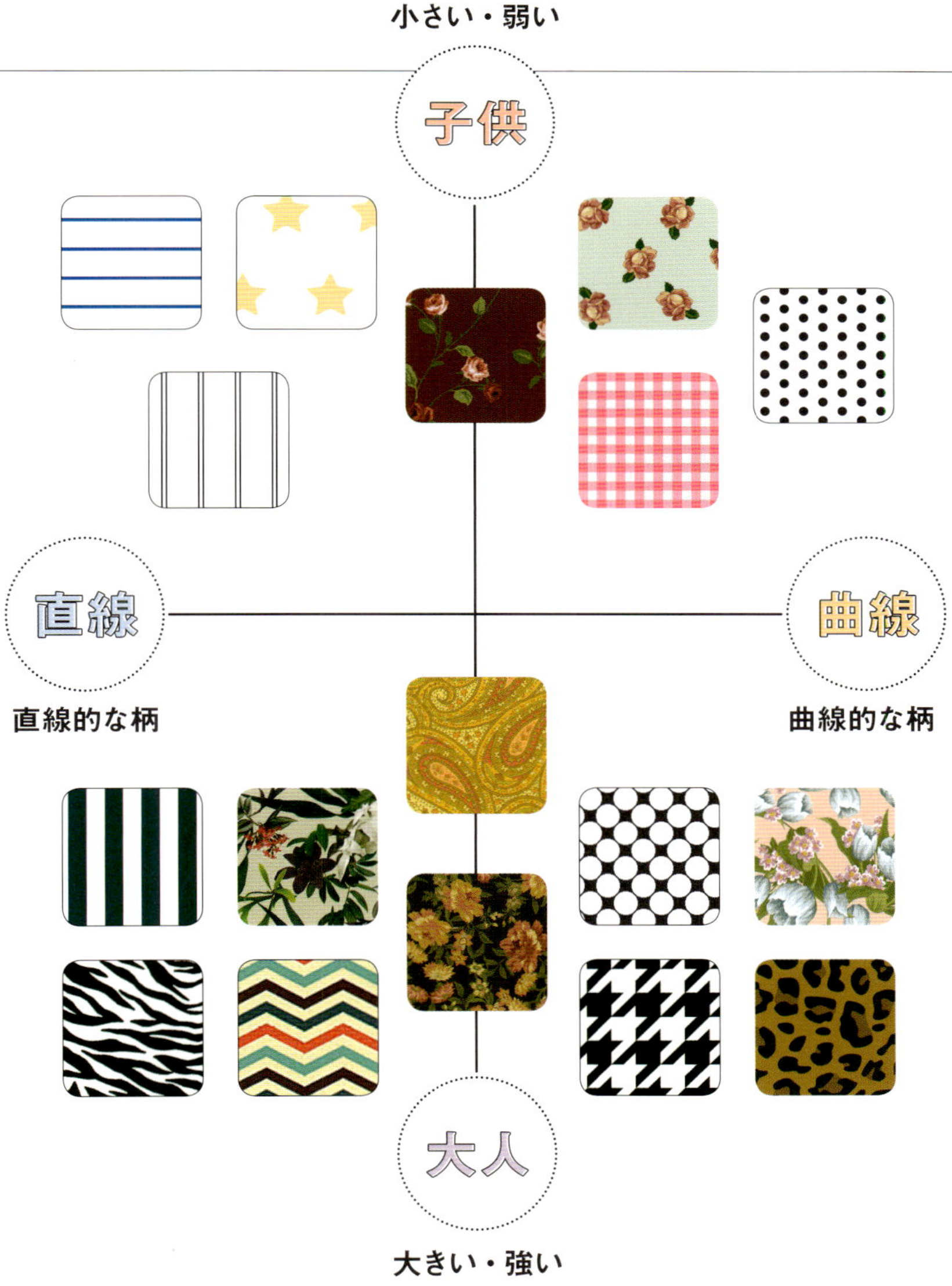
小さい・弱い
子供
直線
曲線
直線的な柄
曲線的な柄
大人
大きい・強い

COLUMN #003

アクセサリーで顔型や印象は自在に補正できる

服と同じように、アクセサリーにもテイストがあります。顔や服に合わせてアクセサリーのテイストもそろえることで、バランスのいいコーディネイトが完成します。

特にピアスやイヤリングは顔のそばにあるので、これを使って顔型や顔にプラスしたい要素のバランスをとることができます。ピアスやイヤリングは顔の一部だと思って身につけましょう。

顔が地味な人が華やかに見せたいときは大ぶりのものをつけると華やかさをプラスできますし、**男性っぽい人がフェミニンさをプラスしたいときは揺れるピアスや曲線的なピアス**で女性らしさを演出できます。

丸顔をカバーしたい人はティアドロップ型や長さのあるピアス、面長をカバーしたい人は逆に大きめのフープピアスのように、横にボリュームのあるものをプラスします。

子供っぽい顔を大人っぽく見せたいときは、1粒パールなどクラシカルなピアスをプラスするとよいでしょう。

いずれも顔だけが見られる小さな鏡を見るのではなく、全身鏡で確認するとバランスがわかりやすくなります。

小さい・華奢
子供
直線
曲線
直線的なデザイン
曲線的なデザイン
大人
大きい・インパクト

COLUMN #004

メガネ、サングラスも全身バランスが大事

メガネ、サングラスもおしゃれアイテムにかかせないもの。そのときどきの流行もありますが、**基本的には曲線が多い人は曲線的なデザイン、直線が多い人は直線的なデザインのメガネ、サングラス**が似合います。それをベースになりたいイメージに近づけることもできます。

たとえば曲線タイプの人が角張ったメガネをつけるとピリッとスタイリッシュな印象が加わり、直線タイプの人がオーバル型（横長の楕円形）をつけると優しい印象が加わります。

おすすめの試着方法は、まずランダムに３つぐらい気に入ったものを持ってきて、全身鏡の前で掛けてみます。メガネ、サングラスも顔だけの小さな鏡で見るのではなく、全身鏡でバランスを客観的に見ることがポイントです。

その中でいちばん似合っているものを１つに絞り、その後、それに似たタイプをさらに２つ選んで再度掛け比べてみましょう。そうやって絞り込んでいき、最終的にいちばん似合うものを選びます。

また**スマホで自撮りした写真を見比べてみると、より客観的に判断できる**のでおすすめです。

Lesson 4

なりたいイメージに近づける方法

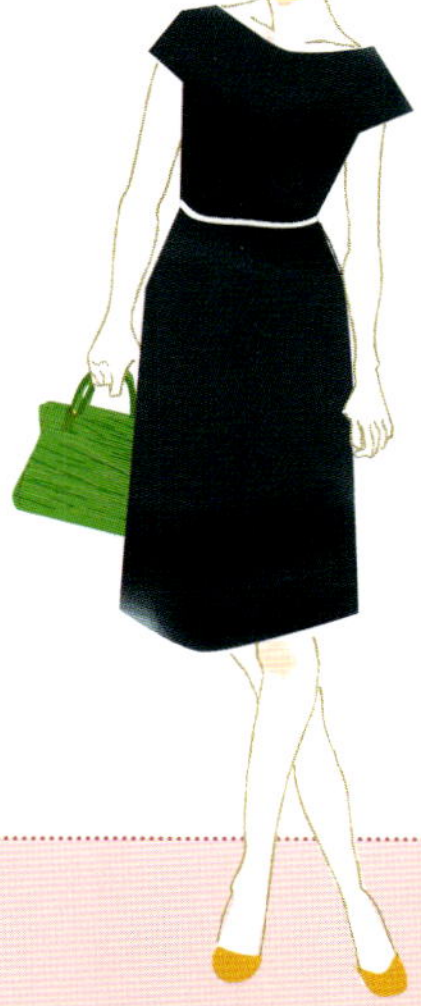

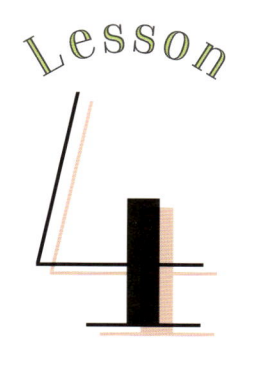

なりたいイメージに近づけることはできる

「女性らしい優しい雰囲気に見せたい」
「クールでかっこいい印象にしたい」

自分の顔に対するコンプレックスや、その日の気分、またはＴＰＯに合わせて、なりたいイメージがあると思います。

その**なりたいイメージと自分の持っている魅力のタイプが違う場合、ファッションだけで近づけていこうとすると、無理をしているように見える**ことがあります。

そんなときは、**メイクやヘアスタイルなど顔の印象から変えていくことで、自然になりたいイメージへ近づけることができます**。すると、違うタイプの服も似合いやすくなります。つまり、イメージチェンジも的確にできるようになるのです！

この章では、なりたいイメージに近づけるためのメイクとヘアスタイル、そしてファッションのちょっとしたポイントをご紹介します。

{ メイクでイメージを変えるポイント }

位置 形 色 質感

{ ヘアスタイルでイメージを変えるポイント }

形 色 前髪 毛先

{ ファッションでイメージを変えるポイント }

形 素材 色 小物（アクセサリー、靴、バッグ）

クニック { 01 }

ポイントは女性らしい丸みをつくること

[メイク]

眉： いちばん大事なポイント。眉で大きく印象が変わります。なだらかな曲線のある眉にすることと、眉毛の色が濃い場合は、眉マスカラや眉カットで少し薄くすることで女性らしい柔らかな印象になります。

アイメイク： アイシャドウとアイラインを、目の丸さを強調するようにいれましょう。

チーク： ふんわり丸くいれましょう。

[ヘアスタイル]

毛先を巻いたり、パーマをかけたりすることで丸みをつくりましょう。カットで全体のシルエットに丸みをつくるのもおすすめです。ヘアスタイルは顔の額縁ともいわれ、印象に与える影響は意外に大きいですよ。

[ファッション]

素材をとろみのあるものやレースなどにすると、デザインがシンプルでも女性らしい印象になります。

なりたいイメージに近づけ

{ キリッと美人からふんわり美人へチェンジ！ }

直線 タイプ → **曲線** タイプ

直線＝男顔＝キリッ

曲線＝女顔＝ふんわり

{ こんな人へ }

□ 女性らしい印象に見せたい

□ 男っぽく見られるのが嫌

□ 男性にモテたい

□ 優しい印象になりたい

テクニック 02

ポイントはクールな直線をつくること

[メイク]

眉：いちばん大事なポイント。眉で大きく印象が変わります。直線的で少し太めの眉にすると、キリッとした印象が加わります。
アイメイク：アイシャドウとアイラインで目尻側に濃さをつくり、切れ長な目に近づけましょう。
チーク：斜め上に上がる楕円形にいれてシャープにしましょう。

[ヘアスタイル]

ストレートに近いヘアスタイルにして、顔周りに直線をプラスしましょう。前髪は斜めに流すか、なくしてすっきりとさせます。

[ファッション]

トップスかボトムスのどちらかをシンプルなデザインにします。ハリのある素材にするとクールな印象が加わります。

なりたいイメージに近づけ

{ ふんわり美人からキリッと美人へチェンジ！ }

曲線 タイプ → 直線 タイプ

曲線＝女顔＝ふんわり　　直線＝男顔＝キリッ

{ こんな人へ }

□ クールでかっこいいイメージに憧れる

□ バリバリ仕事ができる印象を与えたい

□ 強く見られたい

□ パワフルな印象になりたい

テクニック 03

ポイントは平面さをプラスすること

[メイク]

眉：眉山を高くしないで、まっすぐにします。
アイメイク： あまり立体感のあるグラデーションメイクにせず、単色使いで目元を明るくピュアに仕上げましょう。
チーク：横長の楕円形にいれて、顔に横幅をつくりましょう。

[ヘアスタイル]

前髪をつくります。ただし、まっすぐ切りそろえるのは似合わないので、斜めに流しましょう。毛先は巻きすぎずナチュラルに。髪を短くすると若々しくフレッシュな印象になります。

[ファッション]

きれいめカジュアルにまとめます。たとえば、パーカーにデニム、スニーカーなどのドカジュアルにすると垢抜けないので、靴はバレエシューズにするなど、どこかに大人の要素をいれます。

なりたいイメージに近づけ

美人系から可愛い系へチェンジ！

大人 タイプ → **子供** タイプ

大人＝美人・落ち着き

子供＝可愛い・若い

こんな人へ

□ 老けて見られるのが嫌

□ 美人系より可愛い系になりたい

□ 柔らかい印象に見られたい

□ 親しみやすい印象になりたい

テクニック 04

ポイントは立体感をつくること

[メイク]

眉：アイブロウパウダーで眉間を寄せます。ノーズシャドウを入れたり、眉山を高くするとさらに大人っぽくなります。
アイメイク：アイシャドウとアイラインで目を大きく、くっきりさせることで大人っぽさをプラスしましょう。
チーク：斜め上に上がる楕円形にいれてシャープにしましょう。

[ヘアスタイル]

前髪は斜めに流すか、長くしておでこをだします。毛先を巻くと大人っぽい印象になります。

[ファッション]

トップスかボトムスのどちらかに大人っぽい服をいれます。たとえば、ボーイフレンドデニムにとろみブラウス、カジュアルなカットソーにセンタープレスのパンツやタイトスカートを合わせるなど、上品にまとめます。

なりたいイメージに近づけ

可愛い系から美人系へチェンジ！

子供 タイプ → **大人** タイプ

子供＝可愛い・若い

大人＝美人・落ち着き

こんな人へ

- □ 幼く見られるのが嫌（年相応に見られたい）
- □ 可愛い系より美人系になりたい
- □ しっかりした印象に見られたい
- □ バリバリ仕事ができる印象を与えたい

COLUMN
#005

スタイルがよく見えるベストな着丈は？

服を着たときのバランスを決定づける丈感は、これからご紹介する骨格タイプはもちろんですが、身長や肉感によっても個人差があるので、全身鏡で見て、自分に最適な着丈を見つけることが大事です。

基本的には、**「服の切れている箇所に視線がいきやすい」**ということを覚えておいてください。

つまり**袖の端や裾など**。この位置を体型的にアピールしたい、自分の身体の得意な位置に持ってくることが大切です。

たとえば、二の腕の太さが気になる人は、二の腕部分で切れるフレンチスリーブよりもしっかり隠れる5分袖のほうが細く見えます。足首の細さをアピールしたいなら、ひざ丈スカートよりも足首が見えるロングスカートを選ぶことで、より一層着やせ効果が高まります。

Lesson

5

骨格診断でもっと輝く自分スタイルを見つける

あなたはどのタイプ？セルフ診断チェック

骨格診断とは、生まれ持った身体の「ボディライン」と「質感」の特徴をもとに、体型をより美しく見せるための服の〝形〟と〝バランス〟を導き出すものです。**骨格タイプは「ストレート」「ウェーブ」「ナチュラル」の3つのタイプに分類**をします。首から下の骨格を見て診断しますので、その人に似合うテイストを知るためのものではありません。

顔タイプ診断で導き出した〝テイスト〟に、骨格診断で導き出した〝形〟と〝バランス〟を加えて、自分にぴったりのおしゃれを実現しましょう。

［3つの骨格タイプの特徴］

それぞれの骨格タイプの特徴は、次のようになります。

＊**ストレートタイプ** ⇓　上重心で横から見たとき身体に厚みのあるメリハリ体型

＊**ウェーブタイプ** ⇓　下重心で質感が柔らかく華奢な体型

＊**ナチュラルタイプ** ⇓　重心に偏りがなく関節が発達している肉感を感じさせない体型

「骨格診断の効果」

骨格に合う場合	骨格に合わない場合
・スタイルがよく見える ・着やせして見える	・太って見える ・貧相に安っぽく見える

「骨格診断でわかる服選びのポイントは3つ！」

① **襟元の開き** ⇓ 襟元が開いているほうがやせてスタイルよく見える人と、貧相に見える人がいます。

② **重心バランス** ⇓ 上重心を意識したほうがすっきり見える人と、下重心を意識したほうがすっきり見える人がいます。重心はベルトの位置やウエストの切り替え位置、ボトムスの着丈、ボリュームなどに関連します。

③ **フィット感** ⇓ ボディラインの出るほうがスタイルよく見える人と、逆にハリのある生地やオーバーサイズを選んだほうがよい人がいます。

セルフ診断のステップとポイント

骨格タイプのセルフ診断では、それぞれの身体の特徴を項目ごとにチェックしていき、当てはまる項目が多かったタイプがあなたの骨格タイプです。

もし2つ以上のタイプにまたがり、当てはまる項目の数に差がない場合は、複数の骨格タイプの特徴をあわせ持っているということになります。

セルフ診断する際、わかりやすいポイントは3つ。**横から見たときの「身体の厚さ」、そして「身体の質感」「重心」**です。

身体の厚さを見るには、大きな筒を両手で持つときのような手の形をつくり、アンダーバストに両脇から当ててみましょう。このとき円形に近づく人ほど厚みがあり、薄い楕円形になる人ほど厚みがないということになります。

身体の質感にハリがあるか、柔らかいかを見るときは、二の腕の内側をつまんでみるとわかりやすいです。つまんだときにはね返すような抵抗感があればハリがある、お餅のように伸びれば柔らかいという判断になります。

重心バランスを見極めるには、ベルトを使って判断するとわかりやすいです。全身鏡の前でベルトをジャストウエストの位置からスタートして、徐々に下にずらしていきます。ジャストウエストの位置がスタイルよく見える場合はストレートタイプ。ハイウエストがスタイルよく見える場合はウェーブタイプ、ローウエストがスタイルよく見える場合はナチュラルタイプになります。

Self Check

ストレートタイプ

チェック項目

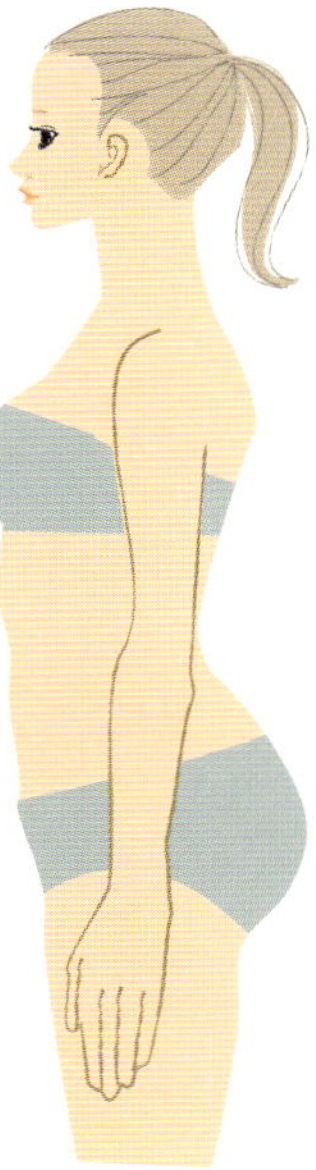

- □ 身体に厚みがある
- □ 立体感がある
- □ 上重心
- □ 欧米人体型
- □ バストトップが高め
- □ 腰の位置が高い
- □ 筋肉がつきやすい
- □ ハリのある質感
- □ 太るとリンゴ型になる
- □ グラマラス
- □ 鎖骨が目立ちにくい
- □ ひざはあまり出ない
- □ ひざ下の骨がまっすぐで細い
- □ 手首の骨の突起が目立たない
- □ 首がやや短め
- □ 腰からお尻が桃型で上部から丸みがある

ストレートタイプの人は 130 ページへ →

Self Check

ウェーブタイプ

チェック項目

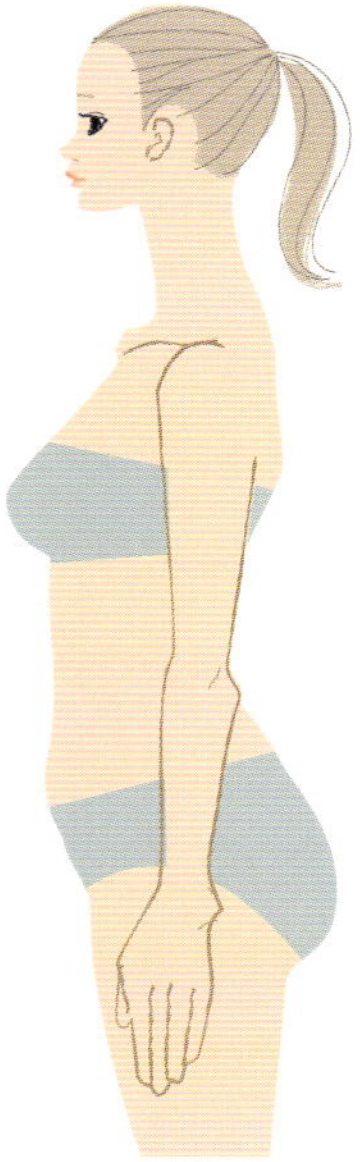

- □ 身体に厚みがない
- □ 平面的である
- □ 下重心
- □ 日本人体型
- □ バストトップが低め
- □ ウエストが細い
- □ 脂肪がつきやすい
- □ 柔らかい質感
- □ 太ると洋なし型になる
- □ 華奢でフラット
- □ 鎖骨が出ている
- □ ひざが小さく出ている
- □ ひざ下のすねが外側に湾曲しやすい
- □ 手首の骨の突起が目立つ
- □ 首がやや長め
- □ 腰からお尻が洋なし型

ウェーブタイプの人は 132 ページへ →

Self Check

ナチュラルタイプ

チェック項目

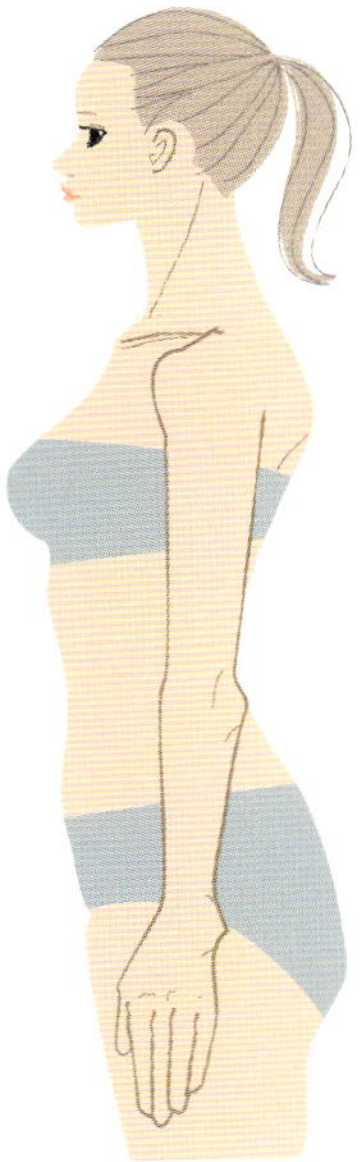

- □ やや平面的である
- □ 重心に偏りがない
- □ 骨太で骨格や関節が
 しっかりしている
- □ 太りにくい
- □ 筋肉も脂肪もつきにくい
- □ 骨や筋が目立つ
- □ 頬骨が大きめ
- □ 身長に対して手足が大きめ
- □ 鎖骨や肩甲骨が大きめでしっかりしている
- □ ひざの皿が大きい
- □ ひざ下のすねの骨が太い
- □ 二の腕に肉感がない
- □ 手首の骨の突起が目立つ
- □ 腰からお尻がピーマン型で長め

ナチュラルタイプの人は 134 ページへ →

骨格タイプ別スタイルアップポイント
「ストレートタイプ」

ストレートの人は、**余計な装飾がないシンプルでベーシックなデザインが基本**です。身体につかず離れずのほどよいサイズ感が大切。身体にフィットしすぎるとむっちりとした肉感を拾い、身体の厚みを強調してしまいます。反対に、ゆったりしすぎてもだらしなく見えます。

首まわりはデコルテを見せてすっきりさせるのが鉄則。トップスはVネック、Uネック、シャツカラーなど、縦に深く開いたネックラインが上半身に詰まりやすいバランスを整えてくれます。着丈も短いものは太って見え、長すぎるものもだらしなく見えるので、ジャストサイズを意識しましょう。

ボトムスは縦のラインを強調するすっきりしたものを。腰やヒップの位置が高いので、パンツはよく似合います。重心バランスはジャストウエストに。ハイウエストは太って見え、ローウエストはだらしなく見えるので、避けたほうが無難です。また、高品質でハリのある生地を選ぶことで着やせ効果があります。

Straight Type

｛ タイプ別おすすめ着こなしイメージ ｝

骨格タイプ別スタイルアップポイント

［ウェーブタイプ］

ウェーブの人は、**女性らしい曲線の出るフィット感のあるデザイン、またはふんわりとしたデザインが基本**です。

ウエストが細く、下半身にボリュームが出やすいので、フィット&フレアのシルエットが得意。

トップスは襟元の詰まったものや鎖骨を見せられるボートネックなど、横長に開いたネックラインがよく似合います。開きすぎると身体の薄さが目立ち、貧相な印象になります。着丈は短めか普通くらいを意識しましょう。長すぎると重心が下がって見えるので避けたほうが無難です。

胸下の切り替えなどで重心を高く見せてくれるデザインがおすすめ。全体にゆったりしたシルエットは締まりがなくやぼったく見えるので、メリハリを出しましょう。

ボトムスは似合うスカートのバリエーションが豊富です。パンツはクロップドパンツやテーパードパンツなど、重心の上がるものが似合います。ワンピースは全般的に得意です。

Wave Type

{ タイプ別おすすめ着こなしイメージ }

骨格タイプ別スタイルアップポイント
［ナチュラルタイプ］

ナチュラルの人は、**ゆったりとしたシルエットやつくり込みすぎないラフなデザインが基本**です。

関節が大きく、骨格がしっかりしているため、それをさりげなくカバーするゆったりとしたシルエットがスタイルよく見えます。反対に、身体にフィットしたものを着ると、身体の関節や骨っぽさが目立ってしまうので避けたほうが無難です。

トップスはオーバーサイズ気味で着丈の長いもの、そして肌を露出しすぎないものが似合います。袖幅は普通、もしくは太めが似合うので、ドルマンスリーブやベルスリーブがおすすめ。

ボトムスはひざ丈のタイトかロングスカート、フルレングスのパンツが似合います。重心バランスは低くすることでスタイルよく見えるので、ローウエスト切り替えのワンピースや、ウエスト周りがあまりフィットしないものを意識しましょう。

Natural Type

タイプ別おすすめ着こなしイメージ

COLUMN #006

骨格タイプでわかる似合うネックレスの「長さ」

ネックレスのトップの形や大きさは顔タイプで似合うものがわかりますが、長さは重心バランスが関係するので骨格タイプに連動します。

首まわりをすっきり見せて厚みのある上半身に縦長ラインをつくりたいストレートタイプ、薄くて華奢な胸元をカバーし重心位置を上げたいウェーブタイプ、長さのあるアイテムで全身のバランスをよくしたいナチュラルタイプなど、それぞれに効果的な長さがあります。

ネックレスの長さで迷ったときは以下を参考に選びましょう。**ストールやマフラーの巻き方も同じように考えるとよいです。**

チョーカー (35 ～ 40cm)
＝ウェーブタイプ

プリンセス (40 ～ 50cm)
＝ウェーブタイプ

マチネ (50 ～ 55cm)
＝ウェーブタイプ、ストレートタイプ、ナチュラルタイプ

オペラ (70cm 前後)
＝ストレートタイプ、ナチュラルタイプ

ロープ (140cm 前後)
＝ストレートタイプ、ナチュラルタイプ

Lesson

6

パーソナルカラー診断でぴったりの自分色を見つける

あなたはどのタイプ？セルフ診断チェック

パーソナルカラー診断とは、身体の表面の色（肌、瞳、髪など）と調和する〝色〟を導き出すものです。

調和する色は、その人に似合う色であり、肌色をよりきれいに映し出し、いきいきとした表情を演出します。反対に、似合わない色を身につけていると、顔色が悪く見えたり相手に違和感のあるマイナスの印象を与えてしまいます。

ここまで顔タイプ診断で似合う〝テイスト〟を、骨格診断で似合う〝形〟と〝バランス〟を導き出してきました。そこにパーソナルカラー診断による〝色〟を加えれば、あなたの着こなしはパーフェクトです。

自分にぴったりの色を知って、今まで以上に自信を持っておしゃれを楽しみましょう。

［4つのパーソナルカラータイプの特徴］

パーソナルカラー診断は、**「スプリング」「サマー」「オータム」「ウインター」の4つのタイプに分類**をします。この4つの色タイプは、黄色を含んだ暖かみのあるイエローベー

２つのベースカラーに分かれる

	イエローベース	ブルーベース
クリアな色	スプリング 	ウインター 
落ち着いた色	オータム 	サマー 

スの「スプリング」と「オータム」、青色を含んだ涼しげなブルーベースの「サマー」と「ウインター」に分けられます。さらにその中で、それぞれの特徴から次のように分けることができます。

＊**スプリング**⇓　イエローベースの中でもクリアで鮮やかな色のグループ

＊**オータム**⇓　イエローベースの中でもくすみのある落ち着いた色のグループ

＊**サマー**⇓　ブルーベースの中でも明るめでソフトな色のグループ

＊**ウインター**⇓　ブルーベースの中でも鮮やかな色のグループ

セルフ診断のステップとポイント

パーソナルカラーのセルフ診断では、巻末につけたA、B、C、Dの診断シートを使用します。正しく判断するために、**自然光の入る明るい室内で、メイクを落とした状態で行う**ようにしてください。

自分ひとりで診断できない場合は、友達や家族とお互いに診断し合うのも1つの方法です。セルフ診断では、つい着慣れている色を似合うと判断してしまいがちですが、見慣れていることと似合うことは違います。他の人にも見てもらうことで、客観的な判断ができます。

❶ AとBのシートを鏡の前で顔の近くに当ててみましょう。顔映りがよいのはどちらでしょうか？　顔映りを判断するポイントは、次ページのとおりです。

❷ 次にCとDのシートを❶と同じように当てて、顔映りがよいほうを選びます。

❸ さらに❶と❷で選んだシートを交互に顔の近くに当てて、より顔映りがよいほうを選びます。

❹ ❸で選んだシートのカラーが、あなたのパーソナルカラータイプです。

＊ 基本的には顔で診断しますが、**手の甲でもOK**です。

Self Check

パーソナルカラー診断

チェック項目

- □ 肌が明るくきれいに見える
- □ 目力がアップする
- □ 顔がリフトアップする
- □ 顔に立体感が出て小顔になる
- □ 頬のラインがシャープにすっきり見える
- □ 目の下のクマが目立たない
- □ シワやシミ、くすみ、そばかす、
にきびが目立たない

A タイプの人 → 142 ページへ

B タイプの人 → 144 ページへ

C タイプの人 → 146 ページへ

D タイプの人 → 148 ページへ

Personal Color type { 01 } Spring

パーソナルカラータイプ別センスアップポイント

スプリング

スプリングタイプに似合う色は、イエローベースの中でも明るく透明感のある色のグループです。イメージする色の世界観は、春の野原に咲く色とりどりの花々や、生命力にあふれた鮮やかな新緑の色。

着こなしの土台におすすめのベースカラーは、アイボリー、ハニーベージュ、ウォームグレー、クリアネイビーです。

メイクは、基本的にイエローベースのカラーであればなじみがいいです。

[カラーパレット]

[ヘアカラー]

ライトブラウン
ブラウン

[アイカラー]

キャンドルライト
オレンジ
ミルクチョコレート
ブルー
ブラウン
アイボリー
ゴールド

[チークカラー]

オレンジ系
コーラルピンク系
オレンジベージュ系

ネイルカラー]

シェルピンク
ゴールド
オパール

[リップカラー]

ベージュ系
オレンジ系
コーラルピンク系

肌＝黄みのある肌色、透明感のある明るい肌色
瞳＝明るい茶色など
髪＝地毛の色が明るい場合が多い

Personal Color type { 02 } Summer

パーソナルカラータイプ別センスアップポイント

サマー

サマータイプに似合う色は、ブルーベースの中でも高明度〜中明度の少し白が混じったソフトな色が中心のグループです。イメージする色の世界観は、梅雨の時期に咲く紫陽花など柔らかな色。

着こなしの土台におすすめのベースカラーは、オフホワイト、スチールグレー、ネイビーブルーです。

メイクは、基本的にブルーベースのカラーであればなじみがいいです。

[カラーパレット]

肌＝やや青白い肌色、黄色みが少ない肌色
瞳＝黒色など
髪＝柔らかな黒色など

Personal Color type { 03 } Autumn

パーソナルカラータイプ別センスアップポイント

オータム

オータムタイプに似合う色は、イエローベースの中でも暗めでにごりが混じった落ち着いた色のグループです。イメージする色の世界観は、秋の紅葉のような赤や黄金色、アースカラーなど深みのある色。

着こなしの土台におすすめのベースカラーは、オイスターホワイト、ダークブラウン、モスグリーン、マリンネイビーです。

メイクは、基本的にイエローベースのカラーであればなじみがいいです。

[カラーパレット]

［ ヘアカラー ］

- ブラウン
- ダークブラウン

［ アイカラー ］

- サンドベージュ
- カーキ
- サーモン
- ブラウン
- ゴールド
- サフランイエロー
- ダークブラウン

［ チークカラー ］

- オレンジ系
- ピーチピンク系
- オレンジベージュ系

［ ネイルカラー ］

- コパー
- サーモン
- ジェードグリーン

［ リップカラー ］

- ベージュ系
- オレンジ系
- ブラウン系

肌＝深みのある肌色、マットな質感の肌など
瞳＝ダークブラウンなど
髪＝ダークブラウンなど

Personal Color type { 04 } Winter

パーソナルカラータイプ別センスアップポイント

ウインター

ウインタータイプに似合う色は、ブルーベースの中でもはっきりとした強い色のグループです。イメージする色の世界観は、雪の銀世界やクリスマスカラーのように鮮やかな色。

着こなしの土台におすすめのベースカラーは、ピュアホワイト、チャコールグレー、ミッドナイトネイビー、ブラックです。

メイクは、基本的にブルーベースのカラーであればなじみがいいです。

[カラーパレット]

[ヘアカラー]

- ダークブラウン
- ブラック

[アイカラー]

- ピンク
- ピンクベージュ
- バーガンディ
- エナメルブルー
- ダークパープル
- チャコールグレー
- シルバー

[チークカラー]

- ベビーピンク系
- ローズ系
- ピンク系

[リップカラー]

- ピンク系
- ローズ系
- レッド系

ネイルカラー]

- アイシーピンク
- ショッキングピンク
- ムーンストーン

肌＝黄みのない肌
瞳＝黒目と白目の境がはっきり
髪＝漆黒など

COLUMN #007

私に似合うアクセサリーの色は？

アクセサリーはゴールドやプラチナ、シルバーだけではありませんよね。最近人気のピンクゴールドやイエローゴールド、素材もツヤ感のあるものやマット感のあるもの、さらにはアンティーク調のものまでさまざまです。

種類の多さにどれが似合うのか迷ってしまうこともあるでしょう。

基本的には、**ゴールドはイエローベースの「スプリング」と「オータム」、プラチナ、シルバーはブルーベースの「サマー」と「ウインター」の人が似合う**とされています。

また、**ツヤ感のあるものは「スプリング」と「ウインター」、マット感のあるものは「サマー」と「オータム」の人が似合う**という法則があります。

ただし、アクセサリーはトレンドが強く反映されるものなので、色や質感にこだわりすぎずに、気軽にトライするのがよいでしょう。

たとえばブルーベースの人がゴールドのアクセサリーを選ぶなら、パール、ジルコニア、ダイヤなどの白い光がミックスされているものだとより似合いやすくなりますし、赤みの入ったピンクゴールドもＯＫです。

《 パーソナルカラータイプ別　似合う色と素材 》

Spring
スプリング

似合う色：ゴールド、
イエローゴールド、
シャンパンゴールド
素材：ツヤ系

Winter
ウインター

似合う色：プラチナ、
シルバー、
ピンクゴールド
素材：ツヤ系

イエローベース

ブルーベース

似合う色：ゴールド、
アンティーク調、
シルバー
素材：マット系

Autumn
オータム

似合う色：プラチナ、
シルバー、
ピンクゴールド
素材：ツヤ系、
マット系両方ＯＫ

Summer
サマー

COLUMN #008

なりたいタイプのアイテムを３割いれるだけで自然なイメチェンに

服のコーディネイトがマンネリ化しがち…、 たまにはイメージをガラッと変えてみたいと思うこともありますよね。

そんなとき、子供×曲線のキュートタイプの人が「大人っぽく見せたい」と、マトリクスの対向の位置にある大人×直線のクールタイプのアイテムを着こなすのは、 かなりハードルが高くなります。

なぜなら、自分の本来持っている魅力から遠いところを目指しているため、無理をしている感じが出てしまうから。

イメージチェンジのポイントは、 **自分のタイプの周り（上下左右）にあるタイプに近づけることと、 なりたい要素は最大３割まで取り入れる**こと。

先の例でいうと、 曲線という共通項をベースに、 子供要素を抑えてそのぶん大人要素をプラスすると、 フェミニンタイプを目指すことはできます。具体的には、 靴だけシャープなポインテッドトゥパンプスにするなど。 これだけでもだいぶ印象が変わります。

最初は顔から遠い場所の小物や、 服のディテールからチェンジしていくとよいでしょう。

Lesson

7

もっとおしゃれを上手に楽しむ！

ワンランク上の私になる方法

年齢に合わせて似合う服をアップデートし続けるコツ

女性は年齢やライフスタイルの変化とともに、ファッションもどんどん変わっていきます。その都度、そのときにしかできないおしゃれを楽しめたらいいですよね！

実は、10代〜20代の若くて肌がピンと張っている世代は、顔タイプ診断、骨格診断、パーソナルカラー診断のタイプに合わない、本来似合わないとされているものもサラッと着こなせてしまう場合が多いのです。

しかし30代半ば以上になると、「若いころは何でも着こなせていたのに、年を重ねた今はなぜか似合うものが少なくなった気がする」と感じる人が多くなります。ですから、年を重ねるほど診断結果をうまく有効活用するほうが、断然美しく見えます。

診断で導かれたタイプは、体型が変わっても、顔にシミやシワが増えても、一生変わらないおしゃれの基本です。ただし、まるで時間が止まったかのようにずっと同じような服を着ていると、どんどん古臭くなってしまいますし、流行のものにトライするとしても、やはり似合うことが大切です。**常に〝今の自分〟を客観視しながら、年齢にふさわしい上品さや上質感を加えてアップデートしていきましょう。**

洗練された垢抜けポイントは小物にある

雑誌を見て、あなたが「素敵だな」と思ったコーディネイトをいくつかピックアップしてみましょう。そしてそれらの靴、バッグ、アクセサリーなどの小物を手で隠してみてください。服だけの状態にしてみると、案外シンプルなことに驚くのではないでしょうか。

「あれ？　そこまでおしゃれに見えないかも!?」と思うはず。

その理由は明白。**おしゃれに見えるコーディネイトの肝は小物にある**からです。

たとえば、黒のVネックニット×パンツというベーシックなスタイルも、靴とバッグとアクセサリーにトレンド感のあるデザインや、服ではなかなか取り入れないようなビビッドな色柄、旬のマテリアルなどを取り入れると、それだけで一気に垢抜けます。

おすすめは**自分の得意なベーシックカラー（Lesson6参照）の靴とバッグを1、2セット持ったら、次は差し色になりそうな色柄の靴やバッグを買うこと**。「何にでも合うように」と**無難なものばかりで揃えないことが、垢抜けの法則に乗る第一歩**です。

シンプル&ベーシックな服も、小物で劇的に変わるのです。

自分に合ったお店の選び方と試着、決め手のコツ

ショッピングする際、どのようにお店を決めていますか？

デパートやショッピングモールなどの商業施設に出かけたら、まずはお店の中に入らず、外からお店全体の雰囲気とディスプレイのトルソーが着ている服を見てみましょう。

そのお店はフリルやドレープなど曲線が多い？　それともシャープでかっこいい直線的な服が多い？　フェミニン系？　エレガント系？

こんなふうに、自分の顔タイプの雰囲気に合いそうな服が多いかどうかを見ます。

「お店＝テイスト」です。**お店選びを間違うということは、そもそもテイストが合っていない中で服探しをしている状態**です。だから、**おしゃれに見えるためには、テイストが合うお店に行くことがファーストステップ**。お店の中に入ったら、スタイルよく見える形、似合う色を探しましょう。

そして、**買う前に必ず試着すること**を強くおすすめします。「試着したら買わないといけない？」なんて思う必要はありません。複数の服を試着しても、似合うものがなければ、「ありがとうございました、また来ます」といって帰るのは普通のことです。

試着するときのコツは、試着室の中だけではなく外に出て、できれば色を確認できる自然光が入る場所で、鏡から2メートルくらい離れて全身を客観視すること。「自然光で見える鏡はどこですか？」と聞いてみるとよいでしょう。

ショップスタッフはファッションのプロなので、信頼してアドバイスを仰いでみましょう。そのときに大切なのは、「こんなイメージのものを探している」とか、「こういうふうに見られたい」など具体的に伝えること。

特にシルエットが命のパンツを試着する際は、試着室の中での自撮りがおすすめです。いちばん注意深くチェックすべきなのは後ろ姿。お尻から太ももにかけてのラインは、人から見られやすいのに自分では確認しづらいところです。

また、ショップに置かれている鏡は実際よりも細く見えるものもあります。せっかく買ったのに、家に帰って見てみたらそんなによくなかったということになりかねません。その対策の意味でも、**パンツを買うときには、持っているものの中でいちばん細く見えるパンツをはいていく**ことをおすすめします。それと比べて「いつものほうがいいな」と思ったら、無理に新しいパンツを買う必要はないわけです。

このように吟味を重ねてお気に入りだけを買うようにすると、クローゼットの中はいつもスタメンアイテムになっていきます。

クローゼットの見直し方のポイント

みなさんはどのくらいの頻度でクローゼットを整理していますか？

私は5月のゴールデンウィークのころに春夏もの、暑さがおさまった9月中旬以降に秋冬ものというふうに、年2回の衣替えのときにクローゼットの整理も同時にしています。

クローゼットを整理するときは、まず過去2年以内の着ている頻度が多いか少ないかで分けます。**ほとんど着ていない服を観察すると、必ずテイスト、色、形、素材のどれかが自分のタイプに合っていない**、ということに気がつきます。

「いつもこの形が好きで買っているけど、ほとんど着ていない」とか、「この色には惹かれるけど、どうも着ると垢抜けない」とか、**「好き」と「似合う」の矛盾の陰には、必ず顔タイプ診断、骨格診断、パーソナルカラー診断のタイプが関係している**のです。

買ってから2年経ってもほとんど着ていないものは、この先も着る可能性は低いでしょう。もったいないからと手放さずに置いておいても、着なければ意味がないですし、限られたクローゼットのスペースも無駄になってしまいます。着ていない服はリサイクルに出したり、処分して、クローゼットの中をスタメン揃いにしましょう。

買うべき服は気分が上がる服！得意分野をとことん生かそう

もしあなたが白を身につけているときによく褒められるなら、白を多めに持つのはとてもよいことです。自分が得意な色を知っていると、無駄なものを買わずにすみます。

「白はもう持っているからグレーとカーキを買い足そう」などと、ベーシックカラーをまんべんなく買い揃えようとする人がいますが、それよりも得意なものにお金を注いだほうが素敵に見える成功率は格段に上がります。

アイテムに関しても同じことがいえます。たとえば、白シャツは定番中の定番アイテムで「誰もが持っているもの」として多くの雑誌で紹介されていますが、実際には似合わない人だっています。そういう人が無理をして白シャツを買う必要はないですし、もっと似合う他のものに目を向けたほうが無駄な買い物はなく、ハッピーですよね。

色でもアイテムでも、決してバリエーションを均等に持つ必要はないのです。

ちなみに、得意な色を見極めるには、人からよく褒められるということ以外に、**着ているときに鏡を見て気分が上がるかどうかというのも大切な判断基準**の1つです。だって、鏡を見たときに実際に似合っていて、素敵に見えるから気分が上がるわけですよね。

簡単におしゃれになれる「3色の法則」

ファッションの一般法則で、「全身で使う色は3色以内におさめるとおしゃれな印象になる」というものがあります。そのときに、大きく分けると2つのパターンがあります。

1つはアクセントとなる色をいれる方法。これは垢抜け感がでます。たとえば、白地にネイビーのボーダーTシャツと、ネイビーのコットンパンツを合わせれば2色。そこに赤のバレエシューズをアクセントに加えると可愛さが加わります。もしくはボーダーTシャツコーディネイトで靴は白のコンバースにして、イエローのカーディガンを肩掛けしても素敵です。アクセントカラーは全身の1〜3割にして構成するとよいでしょう。

もう1つは同系色の3色でまとめる方法。これは上品なおしゃれ上級者感がでます。たとえば、ベージュのシンプルなニットにブラウンのパンツを合わせ、靴はブラウンのクロコ型押し柄のパンプスを履き、ゴールドのネックレスやピアスでまとめれば、イタリアマダムのようなコーディネイトになります。

こんなふうに全身で3色以内にすると、簡単におしゃれになれます。**色をたくさん使いすぎてしまうと、ちぐはぐな印象になってしまう**ので注意しましょう。

「迷ったら黒！」の落とし穴

ショッピングの際、色に迷ったら「とりあえず黒」にするという人がいます。

黒はパーソナルカラー診断でいうとウインターの色です。ウインタータイプの人は髪の色が漆黒だったり、眉やまつ毛が濃く、目力も強い場合が多いので黒に負けません。たとえ全身黒でも喪服っぽくならず、きれいに見えるのです。

しかし**ウインタータイプ以外の人は、黒い服のほうが勝ってしまうことが多く、実は着こなすのが難しい色。**また影を引き寄せるので、疲れて見えやすいという側面もあります。

そこを回避するために、トップスの場合は襟元を大きく開けて肌を見せられるものやノースリーブなど、肌が出る面積が広いアイテムを選んだり、ジャケットを黒にしたらインナーを白にするなど、黒一色にしない工夫が必要です。また、キラキラとツヤ感のあるアクセサリーで光を取り入れるのも効果的です。

そして、黒アイテムそのものの選び方にも工夫がほしいところ。マットな黒はいちばん沈みがちな色なので、サテンなどの光沢のあるもの、少し凹凸のあるもの、レースやチュールなどの透け感のあるものならば、黒でも表情が生まれて着こなしやすくなります。

黒こそ「あえて選ぶ」という姿勢で着こなすべき色ともいえます。

【著者紹介】

岡田　実子（おかだ・じつこ）

◉――イメージコンサルタント。一般社団法人日本顔タイプ診断協会代表理事。イメージコンサルティングサロンHAPPY SPIRAL代表。

◉――立命館大学卒業後、３年間企業に勤めたのち結婚。１年間専業主婦をした後に、化粧品販売の仕事を始め、販売成績が全国トップクラスになる。その後、メイクだけでなく、色やファッションまでトータルに女性の魅力を引き出したいという強い思いから、カラースクール、イメージコンサルタントスクール、メイクスクール、骨格診断、スタイリストスクールなど７つのスクールに通う。2005年よりイメージコンサルタントとして起業し、銀座にサロンを設立。予約の取れない人気サロンとなり、のべ5000名以上の診断、プロデュースを行う。長年、骨格診断とパーソナルカラー診断から似合う服をアドバイスしていたが、多くのお客様にアドバイスをするうちに「顔」が似合う服を大きく左右することに気づき、顔タイプ診断というオリジナルメソッドを考案。日本初の顔タイプを８つに分類して似合う服を分析する理論【顔タイプ診断®】を提唱。お客様にアドバイスをし始めると「わかりやい！」「すごく納得できた！」と大好評を得る。

◉――2016年、イメージコンサルタント＆メイクインストラクタープロ養成スクールHAPPY SPIRAL Academyを開校。2017年、一般社団法人日本顔タイプ診断協会を設立する。

公式ホームページ　https://kaotype.jp/
https://happy-spiral.com/

ブックデザイン　加藤京子（sidekick）
イラスト　Takako　miya
DTP　内藤富美子（北路社）
編集協力　土谷沙織

顔《かお》タイプ診断《しんだん》®で見《み》つかる本当《ほんとう》に似合《にあ》う服《ふく》　〈検印廃止〉

2019年１月15日　第１刷発行
2019年２月５日　第３刷発行

著　者――岡田　実子
発行者――齊藤　龍男
発行所――株式会社かんき出版
東京都千代田区麹町4-1-4 西脇ビル　〒102-0083
電話　営業部：03(3262)8011㈹　編集部：03(3262)8012㈹
FAX　03(3234)4421　振替　00100-2-62304
https://kanki-pub.co.jp/
印刷所――シナノ書籍印刷株式会社

　ISBN978-4-7612-7390-3 C2077

パーソナルカラータイプ診断シート

Personal Color Type

Spring Type { A } スプリングタイプ

パーソナルカラータイプ診断シート

Personal Color Type

Autumn Type { C } オータムタイプ

パーソナルカラータイプ診断シート

Personal Color Type

Summer Type { B } サマータイプ

パーソナルカラータイプ診断シート

Personal Color Type

Winter Type { D } ウインタータイプ

Portable color palette

01

[メイクカラーパレット]

肌色には黄みがかったイエローベースと青みがかったブルーベースがあります。また､黄みにも青みにも傾かないニュートラルな肌色の方もいます。あなたはどのタイプでしたか？

アイシャドーやチーク、リップなどのコスメを買うときに、どの色を買うか迷ったら、ぜひこのパレットを参考にしてください。点線に沿って切り取ると、持ち運べます。

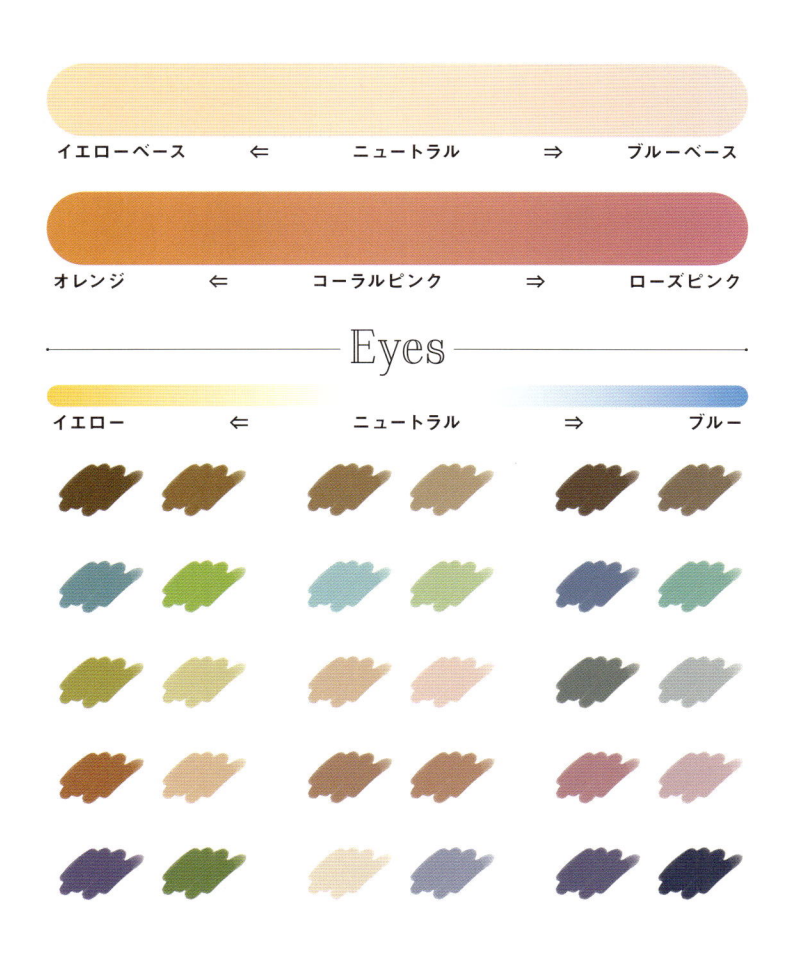

イエローベース ⇐ ニュートラル ⇒ ブルーベース

オレンジ ⇐ コーラルピンク ⇒ ローズピンク

Eyes

イエロー ⇐ ニュートラル ⇒ ブルー

Portable color palette

02

[メイクカラーパレット]

Cheek

イエロー ⇐ ニュートラル ⇒ ブルー

Lip

イエロー ⇐ ニュートラル ⇒ ブルー